**Christian Bunke**

# Wiener Sport-Club

**Fußballfibel**

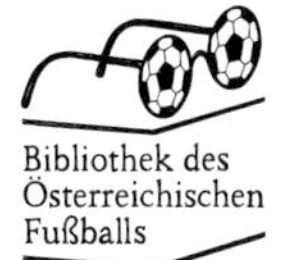


Herausgegeben von Thomas Pöltl und Frank Willmann

Autor:
Christian Bunke ist ein Reisender und außerdem zuagreist. Gründungsmitglied von FC United of Manchester. In Wien ist der WSC die einzige Möglichkeit. Trotz und gerade wegen allem.

Bildnachweis:
Fotosammlung Schönbauer: S. 5, 8, 16, 36, 48, 92, 113;
Christopher Glanzl: S. 14, 21, 29, 35, 58, 60, 79, 107, 121;
Stephan Koessler: S. 25, 43, 108, 114, 116, 117, 131;
Martin König: S. 7, 66, 74, 87.

ISBN: 978-3-944068-93-0
Die Deutsche Nationalbibliothek verzeichnet diese Publikation in der Deutschen Nationalbibliografie; detaillierte bibliografische Daten sind im Internet über http://dnb.d-nb.de abrufbar.

Verlag:
CULTURCON medien
Inh. Bernd Oeljeschläger
Melanchthonstraße 13
10557 Berlin
Telefon 030 / 3439 8440
www.culturcon.de
Redaktion und Lektorat: Nelly Möller
Gestaltung und Satz: Burkhard Kehl, Berlin
Coverentwicklung: Marcus Gruber, Berlin
Druck: Florian Isensee Gmbh, Oldenburg

Der Wiener Sport-Club ist kein glattgebügelter Verein. Dazu hat er gar nicht das Geld. Der WSC zeichnet sich dadurch aus, dass eine überdurchschnittlich hohe Zahl an Fans sich in das Vereinsleben einbringt und aushilft, wo es eben nötig ist: Sei es beim Ausstellen von Saisonkarten, beim Bierausschank im Fanlokal oder sogar bei der Pressearbeit. Vieles wird hier ehrenamtlich gemacht. Und nicht immer funktioniert alles.

Im WSC wird gestritten, gelacht und gelitten. Das hat er mit vielen anderen Vereinen gemeinsam. Aber hier gibt es keine PR-Abteilung, die das Ganze in ein schönes, konsumentenfreundliches Licht rückt. Wie gesagt, dafür fehlt dem Club einfach das Geld. Und auch wenn ein wenig mehr Professionalität dem Verein durchaus gut zu Gesicht stünde, macht eben dieser Mangel doch einen erheblichen Teil der Einzigartigkeit des Wiener Sport-Clubs aus. Der Verein existiert, weil es genug Menschen, gibt die das so wollen. Hätte man sich auf die Herrschaften im Anzug und mit dem großen Geldbörserl verlassen, wäre der Verein wohl schon längst nicht mehr da. Die Herrschaften wären zum nächsten Spielzeugprojekt weitergereist, wie sie es bereits oft genug getan haben. Geldgeber kommen und gehen. Nur selten lassen sie den Ort ihres Wirkens in einem besseren Zustand zurück.

Dieses Buch erzählt die Geschichten jener, die täglich für die weitere Existenz dieses Vereins kämpfen. Manch anderen Vereinen schiebt die Stadt Wien die Kohle in den Hintern und dennoch glauben sie, ihnen würde nichts geschenkt. Dem WSC wird derzeit tatsächlich nichts geschenkt, und dennoch lebt und atmet er. Der Sport-Club ist eine große, manchmal streitbare Familie, die sich aber immer wieder zusammenrauft.

Dieses Buch kann bei Weitem nicht alles erzählen. Manches wird nur angerissen, vieles komplett ignoriert. Es kommen längst nicht alle zu Wort, die dies verdient hätten. Dabei ist dieses Buch nicht allein auf meinem Mist gewachsen. Ohne die Mithilfe vieler WSC-Fans unterschiedlichster Richtungen hätte es nicht werden können, was es ist. Das hier ist ein Mosaik. Fanzine-Artikel mischen sich mit Gesprächen, Erfahrungen und Erzählungen. Hier findet sich ein Gewebe, das nicht mehr als eine sehr persönliche Annäherung an Geschichte, Gegenwart und Zukunftshoffnung des schwarz-weißen Universums sein kann. Es ist deshalb auch ein alles andere als objektives Buch. Manche Leserin und mancher Leser mag vieles vielleicht anders sehen oder einschätzen.

Apropos Zukunftshoffnung: Ich will hier auch jene ansprechen, die derzeit vielleicht „nur" zum Sportclub-Platz kommen, um Spiele zu sehen und sich mit netten Leuten zu unterhalten. Je mehr Leute sich aktiv einbringen, sei es im Rahmen eines der Fanclubs oder im Verein selbst, desto gesicherter ist der Fortbestand des WSC. Je mehr Menschen die Zukunft dieses Ortes nicht egal ist, desto selbstsicherer kann man in die Zukunft blicken. Es gilt mehr denn je: Die Fans gestalten den Verein jeden Tag mit aufopferungsvoller Arbeit neu. Geschichte wird gemacht, nicht auf dem Hintern ersessen.

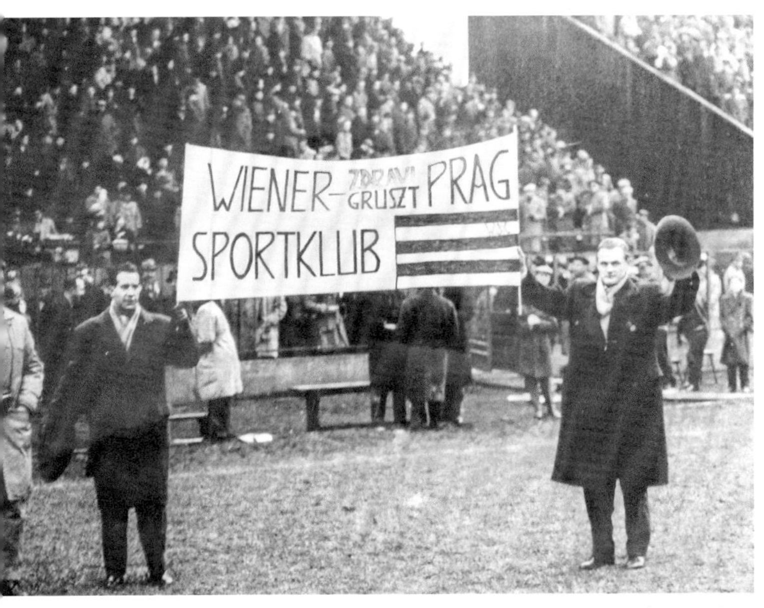


Als dieses Foto aufgenommen wurde, sollte es noch Jahrzehnte dauern, bis aus dem Wiener Sport-Club der Wiener SK würde. Die Schreibweise war damals wurst.

Ein warmer Frühlingstag im Wiener Umland. Vielleicht im Wiener Wald, vielleicht am Eingang einer Ortschaft. Vielleicht sind wir mitten auf einem Acker, der von einen Feldweg durchkreuzt wird. Vielleicht spielen Kinder auf einer Dorfstraße oder Bauern mähen eine Wiese. Vielleicht sitzt eine Familie beim Picknick.

Plötzlich unterbrechen die Kinder ihre Spiele. Den Landarbeiterinnen und Landarbeitern scheint ihre Arbeit egal, sie lassen ihre Sensen sinken. Das Bier im Picknickkorb wird in der Sonne warm, keiner mag es trinken. Erstauntes Gemurmel erhebt sich.

Seltsame zweirädrige Gefährte erscheinen am Horizont. Hochräder aus Holz und Eisen, auf ihnen wagemutige Herren. Radfahrer. Sie müssen im Umland fahren, in Wien ist es ihnen gesetzlich verboten.

Die Radfahrer sind eine völlig neue Sensation. Kinder rennen den Cyclisten hinterher, ein Mann stellt sich provokant in den Weg. Bald fliegen erste Steine, ein Cyclist stürzt, es kommt zu einem Handgemenge. Für die Mitglieder des Wiener Cyclisten-Clubs waren die Auswärtsfahrten zum Ende des 19. Jahrhunderts nicht immer ein Vergnügen. Anders zu sein war noch nie leicht.

Gegründet wurde der Radfahrverein von den Mitgliedern des Ruderclubs Pirat. Am 8. März 1883 verkündete die Allgemeine Sport-Zeitung: „Ein neuer Bicycle-Club hat sich verflossene Woche in Wien gebildet und führt den Namen ‚Wiener Cyclisten-Club'. (…) Wir sind sehr erfreut an dieser Stelle constatiren zu können, dass der Bicyclesport sich in Wien immer mehr und mehr Freunde verschafft, was sich doch deutlich in der Bildung eines zweiten Cyclisten-Club manifestirt. Wie uns mitgtheilt wird, zählt der ‚Wiener Cyclisten-Club' bereits fünfundzwanzig Mitglieder und befindet sich das Uebungslocale desselben in Engelmann's Etablissement in Hernals. Zum Schluss können wir nicht unterlassen, dem jungen Club bestes Gedeihen zu wünschen und wollen wir hoffen, dass seine Mitglieder bei den Rennen ebenso schnell fahren werden, als sie sich zu einem Club vereinigt haben."

Aus dem Cyclisten-Club wurde schnell der Wiener Sport-Club und es entstanden die verschiedensten sportlichen Abteilungen. Im Laufe der Jahrzehnte erlebte der Verein viele Höhen und Tiefen.

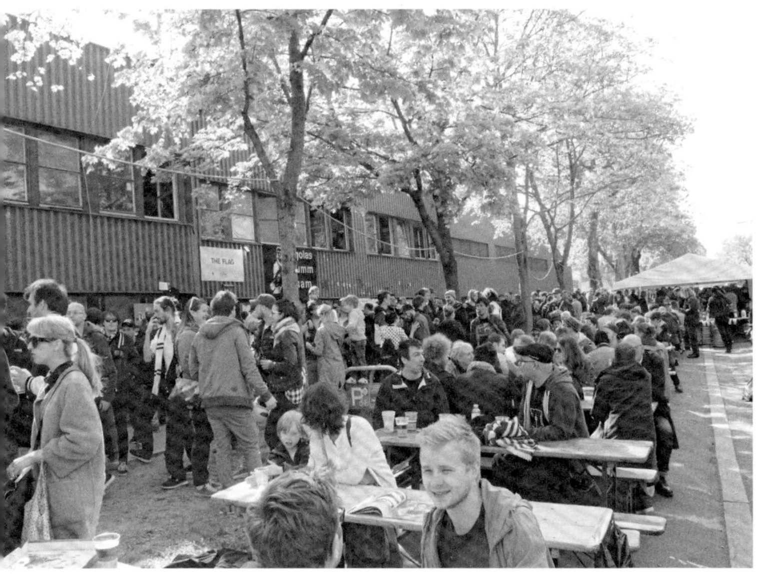

Die Alszeile mit der Friedhofstribüne im Hintergrund. So sieht es hier vor den Heimspielen aus.

Neben Radfahren und Fechten gibt es heute Squash, Eishockey, Laufen, Wasserball, Schwimmen und andere Formen des Breitensports. Die Ruderabteilung gibt es nicht mehr. Oh, und Fußball wird hier auch gespielt, von Frauen, Männern und Jugendlichen verschiedener Altersklassen.

Über viele Jahrzehnte hinweg machte der WSC das gar nicht mal so schlecht. In seinen Glanzzeiten stellte der Verein Nationalspieler und lehrte andere „große" Vereine Österreichs das Fürchten. 1958 verlor der Sport-Club im Europapokal ein Hinspiel auswärts gegen Juventus Turin mit 3:1, um im Rückspiel am 1. Oktober im Praterstadion den italienischen Spitzenverein mit 7:0 vorzuführen. 34.000 Zuschauer*innen sahen den WSC damals siegen. Zehntausende folgten dem Verein in der Staatsliga. Im selben und dem darauffolgenden Jahr holte der Club die österreichische Meisterschaft.

Heute schaffen es durchschnittlich zwischen 1.200 und 1.400 Leute zu den Heimspielen am Sportclub-Platz. Im Herbst 2018 wurde auch mal die 2.000er Marke geknackt. Gibt es ein Derby gegen die Vienna oder ein Pokalspiel gegen einen Bundesligisten, steigt die Zahl schon mal auf über 6.000 Besucher*innen an. Damit hat der WSC den höchsten Zuschauer*innenschnitt des österreichischen Regionalfußballs und liegt auch über den Zuschauerzahlen mancher österreichischen Bundesligavereine.

Doch zwischen den Jahren 1958 und 2018 lagen Pleiten, Pech und Pannen. Zweimal ging die Fußballsektion des WSC bankrott, zweimal wurde sie von Fans gerettet. Daneben mussten die Fans regelmäßig Übernahmeversuche durch andere, größere Vereine abwehren.

Im Jahr 2001 wurde die Fußballsektion vom Rest des Vereins abgespalten und gründete sich als Wiener SK neu. Bis 2016 wurde in Dornbach unter dem Namen Wiener Sportklub, abgekürzt WSK, Fußball gespielt. Nach einer langen Kampagne der Fans gelang schließlich die Rückführung des WSK in den WSC, seither wird wieder unter dem Dach des WSC Fußball gespielt. Doch die Wunden dieser Jahre sind noch nicht verheilt. Derzeit durchläuft der Verein eine Selbstfindungsphase, die noch lange nicht abgeschlossen ist.

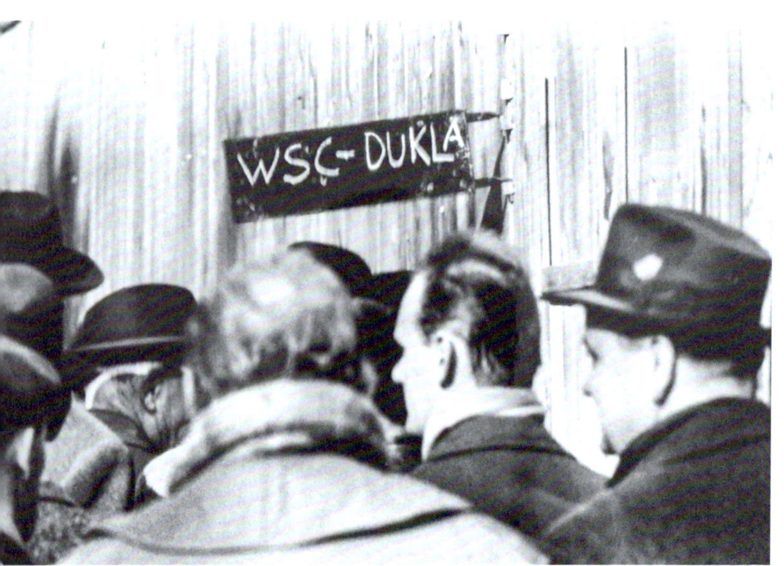


Großer Betrieb am Kassenhäuschen im Jahr 1958. Zum Vorverkauf stehen Tickets für das Spiel gegen Dukla Prag.

August 2017. Ligaauftakt. Erstmals seit langer Zeit steht wieder der WSC und nicht der WSK am Platz. Es ist eigentlich wie immer, aber anders. Das Stadion ist dasselbe. Der Fußweg von der Wohnung dorthin auch. Die von der Hernalser Hauptstraße schon weithin sichtbaren Flutlichtmasten. Die Musik, die man von der Kainzgasse aus den Lautsprechern kratzen hört. Die kleinen Grüppchen, die hier und dort ihre Bierdosen leeren. Die Stände für Getränke, Würste, Merchandise, die auf der Alszeile errichtet sind.

Zu Beginn der ersten Saison mit dem wiederauferstandenen WSC hat sich mancher doch beunruhigt gefragt, was jetzt wohl alles anders und neu werden würde. Jetzt sehen wir: Man braucht sich keine Sorgen zu machen. Das Auftaktspiel gegen Ebreichsdorf ging gleich 0:3 verloren. Es sollte weitere Niederlagen hageln, gefolgt von einem Trainerwechsel. Alles wie gehabt, so lief es die Jahre zuvor auch. Je mehr die Dinge sich ändern, desto mehr bleiben sie gleich.

Das war auch bei der Ausgabe der Dauerkarten so. Bei Stromausfall und Druckerproblemen gerieten so manche ehrenamtlichen Helferinnen und Helfer doch deutlich ins Schwitzen. Der Stromausfall legte auch Fanshop und Gastronomie zeitweise lahm. Die daraus resultierende Menschenschlange konnte sich sehen lassen, normalerweise gibt es so was nur beim Bierausschank. Eine richtige Sportclub-Schlange war das. Geduldig, gelassen, man konnte mal kurz weggehen und sich ein Bier holen und danach seinen Platz wieder einnehmen. Auch als der Anpfiff näher rückte und der Drucker noch immer streikte, blieb das so. British support heißt auch britisch Schlange stehen.

„Alles wie immer", war die lakonische Aussage jener, die sich mit der Ausgabe der Dauerkarten herumärgern durften. „Letztes Jahr hat der Drucker auch gesponnen." Das stimmt. Manche werden da direkt nostalgisch. Mein Stehplatznachbar auf der Friedhofstribüne zum Beispiel: „Die ersten Male hat letzte Saison der Strichcode meiner Karte nicht funktioniert. Das war etwa die ersten sechs Heimspiele so, bis das mit dem Auswechseln mal geklappt hat. Die Ordner beim Einlass haben mich dann immer aufgehalten."

Beim Strichcode hat es auch heuer wieder gehakt, der Drucker hat ihn oft nicht korrekt auf die Karte gebracht. Auswechseln geht im Büro in den Katakomben unter der Friedhofstribüne. „Der neue WSC sieht dem alten WSK doch recht ähnlich", meinte mein Nachbar dazu. Eine Erkenntnis, die durch den Spielverlauf bestätigt werden sollte.

Unter englischen Fußballfans gab es viele Jahre die Tradition des „Jibben". Ein „jib" ist etwa die Fahrt zum Auswärtsspiel mit dem Zug, ohne zu bezahlen. Oder das Vorbeimogeln am Ordnerdienst beim Stadioneingang. Bis Mitte der 1990er Jahre wurde das noch recht ausgiebig gelebt, heute ist das Phänomen vor allem in den unteren Spielklassen noch zu beobachten. Es ist aber auch schwieriger geworden. Überall gibt es automatisierte Sperren, die den Zugang verwehren. In der Premier League ist das Jibben deshalb fast ausgestorben. Hier nun eine Idee für alle, denen ihre Dauerkarte beziehungsweise deren Wechsel Probleme bereitet: der Sport-Club-Jib. Wer es am längsten durchhält, mit fehlerhafter Dauerkarte ins Stadion zu gelangen, hat gewonnen. Wer beim letzten Heimspiel noch immer im Besitz einer fehlerhaften Karte ist, kriegt einen Sonderpreis. Ein Gratisgetränk oder so.

Man muss sich wirklich bedanken. An Details wie der Dauerkartenausgabe sieht man, wie viele Menschen sich hier Woche für Woche den Hintern aufreißen und mit allen möglichen Widrigkeiten kämpfen, um den Spielbetrieb zu gewährleisten und diesen Verein mit Leben zu füllen. Dafür kriegen sie einen feuchten Händedruck, mehr aber meistens auch nicht.

Der Verein mag Wiener Sport-Club heißen, aber eigentlich sind wir hier in Dornbach, Hernals. Wenn es eine prototypische Wiener Vorstadt gibt, dann ist es diese. Hernals liegt an der Vorortelinie der Wiener S-Bahn. Hier lebte und wirkte die 2018 verstorbene Kinderbuchautorin Christine Nöstlinger, Bücher wie *Maikäfer flieg* spielen in Hernals. Die Mannerschnitten kommen auch von hier. Gegenüber vom Sportclub-Platz liegt eine alte Laika-Fabrik. Stadtauswärts gesehen links von Hernals liegt das (ehemals?) proletarische Ottakring, rechts davon das bürgerliche Währing.

Außer der S-Bahn wird der Bezirk von Straßenbahnen erschlossen. Vom Schottentor aus führte einst die erste, damals noch mit Pferden gezogene Tram nach Hernals Richtung Naherholungsgebiet im Wiener Wald. Heute fährt die Linie 43 diese Strecke und verbindet Hernals mit dem Rest der Welt, also dem Rest von Wien. Natürlich hat Hernals noch andere Straßenbahnen, das lassen wir jetzt aber als Nebenwiderspruch unter den Tisch fallen. Irgendwann soll Hernals auch eine U-Bahnanbindung bekommen. Dann darf man sich auf horrende Mietsteigerungen im Grätzel freuen. Möge dieser Tag lange auf sich warten lassen.

Also der 43er. Er verbindet Wien mit Hernals und fährt am Sportclub-Platz vorbei. Der Sportclub-Platz existiert seit 1904 und ist damit der älteste durchgehend bespielte Platz Österreichs. Er wird definiert durch vier magische Koordinaten. Erstens: Die S-Bahnstation Hernals, die der 43er passiert, bevor er stadtauswärts den Sportclub-Platz erreicht. Zweitens: Der Platz liegt inmitten von Wohnbauten, was ihn wie ein englisches Stadion alter Schule ausschauen lässt. Schon von Weitem sieht man die Flutlichtmasten. Bei abendlichen Herbstspaziergängen zum Stadion an Spieltagen ist das ein Highlight. Egal ob der Mond scheint, der Nebel aufsteigt oder es regnet. So ein Flutlicht ist schon etwas Besonderes. Magisch eben. Wenn nur die hohen Betriebskosten und die gelegentlichen Stromausfälle nicht wären. Letztere haben aber nichts damit zu tun, dass der WSC seine Stromkosten nicht zahlt. Sagt man.

Dornbach ist ein Ortsteil von Hernals. Das Stadion liegt in Dornbach, aber am Hernalser Friedhof. Der Friedhof und der Sport-Club sind untrennbar miteinander verbunden, und das ist die dritte Koordinate. Auf dem Friedhof liegen neben vielen anderen Berühmtheiten ehemalige Funktionäre, Spieler und WSC-Fans begraben. Der Verein spielt am Friedhof, damit die Verstorbenen auch von ihren Gräbern aus das Spielgeschehen verfolgen können. An Spieltagen hört man vom Friedhof oft ein dunkles Rumoren. Das sind die Toten, die ob der spielerischen Glanzleistungen auf dem Feld verzweifelt in ihren Gräbern rotieren.

Undenkbar ist der Sportclub-Platz daher auch ohne die vierte magische Koordinate, die Friedhofstribüne. In den Jahren kurz nach ihrer Errichtung Mitte der Achtzigerjahre hieß diese nicht überdachte Stehplatztribüne hinter dem Tor einfach nur Nordtribüne. Es gibt Vorrichtungen, auf denen man ein Dach aufbauen *könnte,* dieses Werk wurde aber nie vollendet. Wahrscheinlich hat das Geld nicht gereicht. Heute kennt man die Nord- als Friedhofstribüne, kurz FHT, weil hier der größte Fanclub des Wiener Sport-Clubs sein Zuhause hat: die Freund*innen der Friedhofstribüne. Wer hier steht, ist wetterfest und hält fast alles aus. Auch sportlich. Der Konsum besonderer Substanzen hilft dabei. Nur sehr selten, also fast nie, kommt der Rauch über der FHT von abgebrannter Pyrotechnik, eher aus teilweise sehr großen Kräuterzigaretten. Selbst die herumfliegenden Seifenblasen torkeln doch recht rauchgeschwängert durch die Luft. Durch das fehlende Dach kann der Rauch aber gut abziehen.

Gegenüber der FHT liegt die Südtribüne, landläufig bekannt als „blaue Tribüne". Sie ist ein riesiger, leerstehender Elefant im Stadion. Es sei denn, es sind Gästefans da. Warum die depperten Sportclub-Fans nicht überdacht stehen wollen, sondern wo man nass wird und außerdem die Gesänge nicht hört? Na, weil man sonst nicht beim Friedhof wäre und der magische Vierklang gestört wäre …

Die Katakomben samt Spielerkabinen liegen auch unter der FHT. Spielerinnen und Spieler betreten den Platz über eine Treppe am Tor, direkt vor den Heimfans. Vor dem Aufgang hängt ein Schild: „Des is 17. Dornbach" ist da zu lesen. Ein Hauch von Liverpool weht durch das rostige Gemäuer, nur eben viel, viel gemütlicher. In den kommenden Jahren könnte sich das jedoch ändern, denn eine dringend nötige Stadionsanierung ist geplant. Die Haupttribüne soll neu errichtet und die sich derzeit unter der FHT befindliche Infrastruktur dorthin verlegt werden. Was mit den dann leerstehenden Räumlichkeiten unter der FHT geschehen soll, wird derzeit unter den Fans diskutiert.

Was das alles mit dem 43er zu tun hat? Gar nichts. Trotzdem eine Geschichte über diese für Hernals ikonische Straßenbahnlinie. Frühpendler*innen werden das kennen: Leider muss man sich morgens aus dem Heimatbezirk quälen, um einer mehr oder weniger sinnvollen Lohnarbeit nachzugehen. Zu diesem freudigen Tagesgeschäft fährt einen der 43er, zumindest wenn man in der Nähe der Hernalser Hauptstraße wohnt. Gemeinsam mit vielen andern Leidensgefährten verbringt man die Fahrt eingequetscht wie Sardinen in der Büchse … bis man die Haltestelle Alser Straße erreicht und der Straßenbahnfahrer ohne weitere Erklärung „Bitte alle aussteigen" in das Mikrofon grummelt. Eigentlich hat der 43er noch nicht mal die Hälfte der Strecke bis zur Endstation Schottentor zurückgelegt. Die Alser Straße ist eine Station der U-Bahnlinie U6. Die U6 fährt den Wiener Gürtel entlang, welcher unter anderem Hernals vom Rest Wiens trennt. Das tut sie zumeist oberirdisch, auch wenn es sich um eine U-Bahn handelt. Doch oft kommt es vor, dass weder Fahrer noch Fahrzeug des 43ers zur Hauptstoßzeit am frühen Morgen die Bezirksgrenze überschreiten, beziehungsweise überfahren wollen. Die Fahrgäste werden rausgeschmissen, die Straßenbahn fährt eine Schleife und dann flugs zurück in das Hernalser Depot an der Wattgasse. Dann kann sich der Straßenbahnfahrer in das daneben liegende Lokal Brandstetter zurückziehen und einen Frühstückskaffee trinken. Eigentlich verständlich. Ich tät's auch so machen.

Der WSC bietet zahlreichen Zugezogenen eine Heimat. Die Schwarz-Weißen sind weltoffen und gastfreundlich. Und doch ist das hier ein Stadtteilverein. Wer aufmerksam durch Hernals wandert, wird vielerorts auf die schwarz-weiße DNA stoßen. Sei es, weil im Augenoptikergeschäft ein Vereinswimpel hängt oder ein Spielertrikot im Wirtshaus *Die Vier,* welches bis Sommer 2018 Treffpunkt der Anhängervereinigung war. Derzeit ist das Schicksal dieses Lokals ungewiss, es scheint dem in Wien grassierenden Beislsterben zum Opfer gefallen zu sein. In vielen Geschäften hängen die Termine der Heimspiele aus, am Elterleinplatz hat der WSC einen Schaukasten. Auch der kleine, bescheidene Weihnachtsmarkt wird durch einen WSC-Stand bereichert, wenn er denn stattfindet. In den letzten Jahren scheint er Einsparungen zum Opfer gefallen zu sein. Dafür gibt es eine kleine, aber feine Feier in der Stadiongarage. Das ist ja auch was.

Zwei Stunden vor Beginn eines Heimspiels treffe ich Florian Muth-Zeisler in einem Gasthaus an der Ecke zur Kainzgassen-Tribüne, das für seine zahlreichen Biersorten bekannt ist. Vor Spielen wird es gerne frequentiert. Sind es größere Spiele, tummeln sich richtige Menschenmassen vor der Tür.

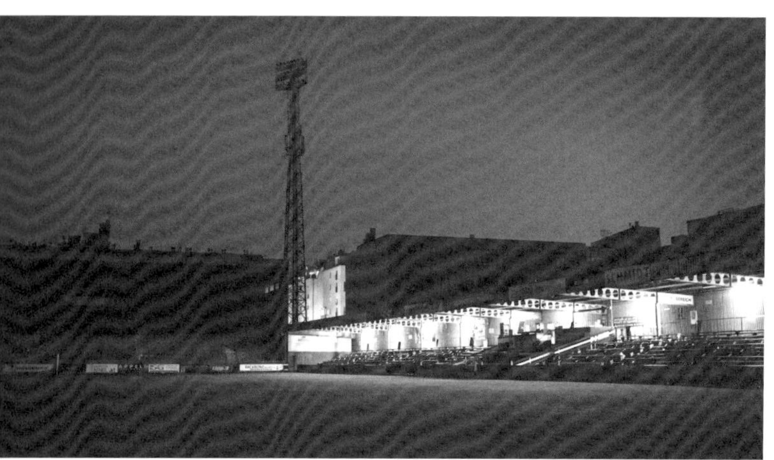

Nach den Spielen werden die Flutlichtmasten ruckzuck ausgeschaltet. Stromsparen heißt Geld sparen.

Wie das Bierlokal im Schatten der Flutlichtmasten des Wiener Sport-Clubs steht, ist auch Zeisler unter ihnen groß geworden. „Ich wurde in den WSC hineingeboren", sagt er. „Am oberen Ende der Kainzgasse bin ich aufgewachsen. Mit sieben oder acht Jahren bin ich mal mit dem Sohn unseres Hausbesorgers hingegangen. Sein Vater hat damals für den WSC gespielt. Auch mein Vater hat ein Jahr lang für den Verein gespielt."

Ohne erwachsene Begleitung zum Fußballspiel zu gehen, war für den Buben kein Problem. „Meine Mutter hat mich gehen lassen. Sie hat genau gewusst, da passiert nix. Auch ich habe schnell gemerkt, dass es bei dem Verein anders zugeht." Und doch waren die Spiele immer etwas Besonderes: „Anfangs bin ich immer auf der großen blauen Tribüne gestanden und habe zur Friedhofstribüne hingeschaut. Dort wurden damals noch Fahnen geschwungen. Das war respekteinflößend. Tröten waren damals modern." (Und unter manchen Fans schon zu dieser Zeit unbeliebt – Anmerkung des Autors).

Heute schreibt Zeisler als „Zed Eisler" eine regelmäßige Kolumne für die Stadionzeitung Alszeilen. Begonnen hat er damit im Jahr 2010: „Es gab schon immer besonders kritische Stimmen aus dem WSC. Das ist mir auf den Senkel gegangen. Da wollte ich mal einen Fankommentar schreiben, aber so objektiv wie möglich. Es ist aber gar nicht so leicht, den Platz der Kolumne mit Objektivität zu füllen. Ich bin als Fan extrem gefrustet. Es hat aber keinen Sinn, Woche für Woche auf die Mannschaft einzuhauen. Ich versuche, die Mannschaft bei der Ehre zu packen. Gerade wenn es jetzt wieder der WSC, also ein Traditionsverein ist."

Seit dreißig Jahren besucht Zed Eisler schon den Sportclub-Platz. „Meine ersten Spiele müssen so 1986/87 gewesen sein." Damals spielte der WSC noch in ganz anderen Sphären. Die Gegner hießen Rapid oder Linz, nicht Donaufeld oder Bruck an der Leitha. Daher auch der Frust: „Der Support wird in den letzten Jahren immer dünner. Das liegt sicher auch daran, dass wir grottig spielen. Das ist schade. Wenn wir zu lange liegen, kommen wir nicht mehr hoch. Meine Frau kommt schon länger nicht mehr her. Sie sagt, dass die Stimmung nicht mehr das ist, was sie einmal war. Da muss man wirklich aufpassen."

Auch in Sachen Bezirksverwurzelung sieht Eisler Handlungsbedarf: „Der WSC hat im Bezirk wirklich einen großen Stellenwert.

Andererseits muss man relativieren. Eigentlich haben wir zu wenig Zuschauer, obwohl wir im österreichischen Schnitt sehr viele haben. Einen Schnitt von 2.000 könnte man schon hinkriegen. Dafür muss der Verein aber stark an seinen Strukturen arbeiten. Man sollte WSC-affine Promis mehr einbinden und wir brauchen mehr Aktionen mit Schulklassen. Der Altersdurchschnitt wird immer höher."

Doch trotz aller Sorgen und Nöte zieht es Zed Eisler jedes Mal wieder hierher. „Dieser Platz hat wirklich eine sehr spezielle Stimmung. Sie ist schwer zu beschreiben. Es ist ein ganz anderes fußballerisches Erlebnis als auf anderen Plätzen oder in anderen Stadien. Bei uns sitzt keiner mit nacktem Oberkörper am Zaun und gibt Befehle. Und du findest hier lauter Unikate am Platz."

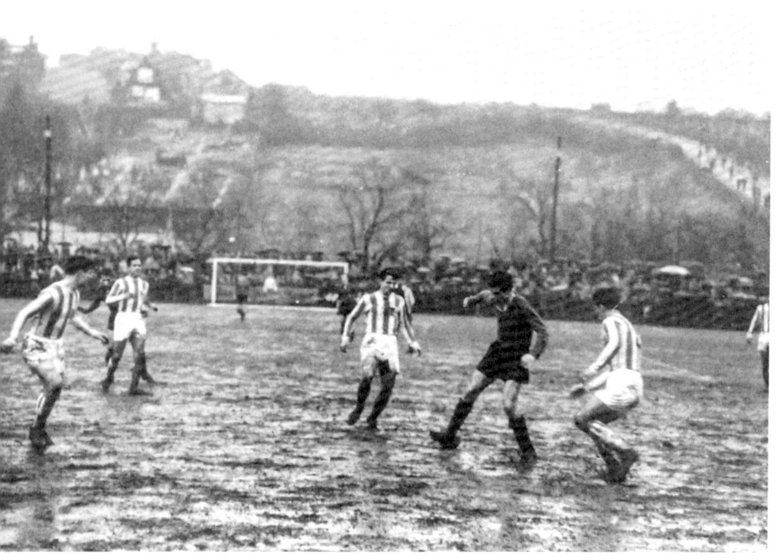

Im Matsch spielt es sich am schönsten. Im Hintergrund sieht man den Friedhof. Sehr lange war der Sportclub-Platz wirklich nur ein Platz.

## Anreise 2.0

Längst nicht alle WSC-Fans kommen aus der näheren Umgebung. Für manche bedeutet die Anreise durchaus eine längere Wegstrecke. Warum nimmt man mühsame Eisenbahn- oder Tramfahrten in Kauf, um einen Regionalligaverein kicken zu sehen? Oder ist es überhaupt keine Mühe? Ist nicht schon der Weg zum Stadion Teil des besonderen Lebensgefühls?

Ein WSC-Fan beschreibt seine Gedankenwelt bei der Anreise zum Sportclub-Platz.

von Alan Zalas

Der blau-weiße Schlauch zieht an mir vorbei. Vertraute Geräusche begleiten das Öffnen des Einstiegsbereichs. Ein leerer Vierer löst innerlich Dankbarkeit aus. Ich setze mich hin, lehne mich zurück und öffne mein Bier. Blopp! Meine Schläfen pochen noch vom Arbeitsstress, der Kopf schmerzt und meine Finger zittern leicht. Die Hornhaut auf ihnen ist merkwürdig blass ob der letzten Frühjahrskälte. In eine Ecke gedrängt, schräg gegenüber, stehen zwei von künstlicher Sonne gebräunte Bankertypen, als solche erkennbar durch ihre Attribute Anzug, Krawatte und dunkle Aktentasche. Laptop und Handy wirken wie angeschweißt und sind stets bereit, gezückt zu werden. Die dunkelhäutige Frau neben ihnen hält ihr Plastiksackerl wie ein Neugeborenes in den Händen, umklammert krampfhaft ihren Einkauf vom Diskonter. Ihre Hände sind faltig, obwohl sie ansonsten jung wirkt. Die in Wien omnipräsenten Touristen drängen sich im Mittelgang, blicken nervös hinaus zu den vorbeiziehenden Graffitis oder brüten über tischtuchgroßen Stadtplänen. Der Waggon rüttelt an jeder Weiche.

Die Schnellbahn zieht vorüber an den wechselnd aufgebrachten Botschaften der Weltverbesserer. Alltagsoptimierer. Werbeplakate werden sie auch genannt. Reklame. Brauche ich das wirklich? Muss ich das eigentlich haben?

Zumindest wird es mir suggeriert. Eine nackte Frau lächelt lasziv von den riesigen Papierflächen herunter. Bevor ich überhaupt lesen kann, was für ein Produkt sie mir schmackhaft machen will, ist sie bereits an mir vorbeigezogen.

Ein zittriger Junkie schlurft langsam durch den Waggon. Seine dunklen, müden Augen schauen halb zum Boden herab, als würde er insgeheim sein Dasein verschweigen wollen. Er bettelt um Kleingeld. Seine verdreckten Hände baumeln im gleichen Rhythmus wie die Haltegriffe über meinem Kopf. Die meisten Personen schauen zu Boden, ignorieren ihn. Andere wiederum signalisieren mit einem eindeutigen Wink ein schlimmes, aber vertrautes Wort für kranke oder arme Menschen: Nein. Ob er noch Hoffnung kennt? Mitleid verdient?

Ich muss umsteigen.

Ich haste durchs Menschengewühl, manövriere gekonnt durch den Fluss aus Menschen. Schiebe mich durch Lücken und weiche langsameren Leuten aus. Treppe rauf, Treppe herunter. Welch seltsame Ordnung alles hat. Ein Straßenmusikant mit einem buschigen Schnauzbart kratzt auf einer verstimmten Geige herum und lächelt dem Strom an Menschen freundlich zu. Keiner in der grauen Masse scheint ihn bewusst wahrzunehmen.

Bunte Sticker, ein paar hastige Tags. Geschickt platzierte Kleinkunst erfreut mich. Verbundenheit.

Ein junger Bursche läuft auffallend schnell in eine Menschenansammlung. Er rempelt sich durch, aber außer vereinzeltem Raunzen erhebt niemand seine Stimme. Ich gehe an einer alten Frau mit geöffneten Handflächen vorbei. Ein Rosenkranz hängt von ihren bettelnden Händen herunter. Der Bursche läuft auch an ihr vorbei – eine Perlenkette rutscht aus seiner Hand in ihre. Einige Perlen fallen auf den Boden. Diebstahl! Geschickt inszeniert.

Mit brausendem Getöse kündigt sich meine U-Bahn an. Ich spurte die letzten Stufen der Rolltreppen herunter. Ein silbernes Metallband zieht an meinem Gesicht vorbei, schiebt die Luft aus dem Tunnel mit ihrem vertrauten Geruch vor sich her. Ich schlüpfe durch den Türspalt.

Kurz schrillen die Alarmglocken. Ein glatzköpfiger Typ schaut aus wie ein Kontrolleur. Zu spät. Ich atme durch. Wer nicht vorher schauen kann, muss eben nachher rennen. Neben mir unterhalten sich zwei Afrikaner. Der melodische Singsang ihrer Sprache und das abgehakte Gestikulieren lullen mich ein. Ich schließe meine Augen und umklammere den Haltegriff. Ich lehne mit meiner Schulter an der Stange. Ist das heute der erste Moment der Entspannung? Ich versuche der hektischen Realität einen kurzen Moment der Ruhe abzutrotzen. Wobei – es ist Freitagabend! Ich freue mich.

Zwei Dutzend lärmende Kinder mit Schultaschen groß wie Autoreifen brausen in den Waggon hinein. Dazwischen patrouillieren Lehrerinnen, die nervöse Gelassenheit von Raubtierbändigern ausstrahlend. Die Kinder sind unbeschwert und wirken wie eine aufgedrehte, wirbelnde Menge, die zusammengehalten werden muss. Unbeschwerte Freude. Sie sind zwei Stationen später ähnlich schnell wieder verschwunden, wie sie aufgetaucht sind.

Mir fällt auf, dass immer mehr Menschen Knöpfe in ihren Ohren tragen. Irgendwo an ihrem Körper werden die Daten von Smartphones abgelesen und MP3s entschlüsselt. Musik für beide Ohren. Abschottung mit einer unsichtbaren Wand. Ist das Eskapismus? Schützen sie sich vor jeglichem Kommunikationsversuch?

Alle Insassen bewegen sich mit dem monotonen Ruckeln des Zuges mit. Manche scheinen nervös zu sein. Ihre Augen huschen hektisch und verschreckt von einer Seite zur anderen. Sie wirken fast wie kleine Tiere in Käfigen. Gefangen. Sie können es kaum erwarten, aus dieser bunt zusammengewürfelten Menge von Menschen auszusteigen, um ihre eigenen Bahnen zu ziehen. Arbeit oder Pflichten. Es scheint so, als würde immer nur dieselbe Wahl bleiben.

Niemand spricht, außer ins Handy. Nur zwei Betrunkene, die durch die wundersame Magie des Alkohols gesprächig geworden sind, lallen unvermittelt vor sich hin. Ihre Sprache ist seltsam gedehnt und zerhackt. Verzerrte Botschaften verwirrter Gestalten.

Eine „Grande Dame“ steigt einer anderen, welche glatt als ihr Zwilling durchgehen könnte, auf den Fuß und beide entschuldigen sich sogleich hastig mit „Tut mir leid“-Tiraden, peinlichst darum bemüht, potenziellen Ärger vorab im Keim zu ersticken. Beide blicken sich dabei kein einziges Mal ins Gesicht. Wahre Finesse?

Wieso ist das so? Fehlt dem narzisstischen Mitteleuropäer etwas Leichtigkeit und Lebensfreude? Ehrlichkeit? Bereitschaft zum Verzicht? Herrscht Überfluss?

Überfluss an Sorgen? Werden wir aus allen Richtungen permanent durchgequetscht, um ständig verängstigt zu sein?

Man müsste die Unbefangenheit von Kindern haben, erinnere ich mich wieder an die lärmende Schar, die vor einigen Stationen zustieg.

Die U-Bahn kehrt an die hektische Oberfläche zurück. Rundherum Vorstadt. Draußen beginnt es mittlerweile zu dämmern. Der Waggon hat sich in der Zwischenzeit geleert. Ich wechsle zur Vorortelinie und erkenne nun die ersten vertrauten Gesichter. Schwarz-weiße Accessoires heben die Laune. Ja, ich freue mich.

Ein junges Pärchen steigt ein. Er ist großgewachsen, sportlich und gepflegt. Sie dunkelhaarig, zart. Ihr Hintern wird fest von der anliegenden Jeans umspannt. Zwischen beiden knistert es. Hier ein lodernder Blick, da eine sanfte Berührung in einer unheimlichen Intensität. Worte sprudeln förmlich aus ihnen heraus. Helles und befreiend-fröhliches Lachen. Liebe? Definitiv Liebe!

Sie haben wohl das gleiche Ziel wie ich. Belebt von der eiskalten Luft am Bahnsteig, steige ich mit den Zweien aus, erfreut durch den Zauber, der die Frischverliebten umgibt.

Die Sonne scheint mir auf den Rücken und wärmt durch drei Stoffschichten hindurch. Von fern krächzt mir eine vertraute Geräuschkulisse entgegen. Ich entdecke noch mehr bekannte Gesichter, schüttle erste Hände, hebe Augenbrauen und besorge mir ein letztes Zywiec-Bier. Ich nähere mich meinem endgültigen Ziel – die letzten trüben Gedanken sind schlagartig weg. Dafür wird positive Anspannung langsam spürbar.

Ich biege in eine vertraute Gasse, welche eine sonderliche, sehr anheimelnde Magie ausstrahlt. Wie viele teilen dieses Gefühl noch, frage ich mich, während Streugut unter meinen Schuhen knirscht.

„Hier liegt viel Kraft in der Luft, obwohl wir zuletzt nicht sehr stark unterwegs waren."

Wir.

Ich schmunzle in Gedanken darüber.

Wir!

Ironischerweise strahlt dieses seltsame Betongebilde, angeschlagen und altersschwach, eine enorme Energie aus. Aufbruch. Spannung. Mit den Händen greifbar.

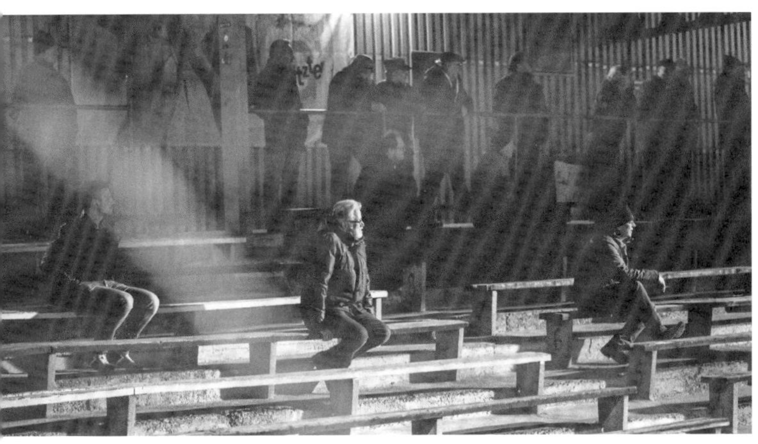

Die Haupttribüne, noch spärlich besucht.

Die Unbeschwertheit der Kinder, die Hoffnung der Verliebten und die Vertrautheit der Masse erfüllen mich mit Freude und mein Gesicht mit einem zuversichtlichen Grinsen. Wie ich sehe, teilen viele der Anwesenden dasselbe Gefühl. Dieses Gefühl verbietet mir nichts, legt mir keine Regeln auf, hält Grenzen von mir fern und eint im Grunde genommen die Menschen, die nun rundherum herbeiströmen. Einmal in der Woche, meist freitags. Viele wissen vielleicht noch gar nichts davon.

Obwohl ich weiß, dass mein Empfinden nicht von langer Dauer sein wird, singe ich mit einem Lächeln auf den Lippen kräftig gegen den beißenden Abendwind an. Vereinzelte Regentropfen mischen sich in die Szenerie. Es ist schön. Zumindest für die kommenden Stunden. Auch nach dem Schlusspfiff.

Der Himmel ist nun dunkelgrau und wolkenverhangen, aber ich weiß: Dahinter strahlt die Sonne der Zukunft kraftvoller entgegen denn je.

Ich spüre es …

Es vergeht kaum ein Spiel, ohne dass dieser Schlachtruf mindestens einmal hinausgeschrien wird. Wer sich bei Heim- und Auswärtsspielen die verschiedenen, von Fans aufgehängten Transparente anschaut, wird verschiedenste Anspielungen auf das Radfahren, den Wassersport, aber auch das Fechten wahrnehmen.

Im Jahr 1989 nahmen jugendliche Fans erstmals eine Piratenfahne auf die damals noch als Nordtribüne bekannte Friedhofstribüne mit. Sie wurde auch zu Auswärtsfahrten mitgeschleppt. In der vierten Ausgabe des Fanzines Schwarz auf Weiß heißt es dazu: „Die neue Piratenfahne auf der Nordtribüne ist kein Hinweis auf böse Seeräuber sondern auf Sportclub-Fans, die das letzte Fanzine aufmerksam durchgelesen haben. Schließlich stammen wir vom Ruderklub Pirat ab …“ Totenköpfe bei WSC-Spielen haben also nicht notwendigerweise etwas mit St. Pauli zu tun. Auch in Wien gibt es Wasser, wenn auch kein Meer, sondern eben die Donau.

Der Sport-Club war schon immer ein Mehrspartenverein. Das gehört neben der Verwurzelung in Hernals und dem antifaschistischen Grundkonsens zu seinen Grundpfeilern. Wobei die Fußballsektion nach jahrelanger Trennung vom restlichen Verein dem WSC erst im Jahr 2017 wieder hinzugefügt werden konnte, mit immer noch brüchigem Kitt. Auch die Verortung in Hernals stand schon mehrfach zur Disposition.

Und der Antifaschismus? Der ist das jüngste Pflänzchen im Verein. Eigentlich kam er Ende der 1980er Jahre erstmals ins Stadion, als junge Menschen die ersten Schritte zur heute am Sportclub-Platz dominanten Fankultur gingen. Inzwischen ist das Bekenntnis zur Ablehnung von Diskriminierung, Rassismus und Nazis jeglicher Couleur vom Platz nicht mehr wegzudenken, auch wenn das immer wieder verteidigt werden muss. Und auch wenn manche FPÖ-Politiker wie der blaue Vizekanzler Karl-Heinz Strache gerne mal damit kokettieren, dass sie als Jugendliche für den WSC gespielt haben. Angeblich. Es gibt da widersprüchliche Interpretationen.

Der WSC hat seine Wurzeln im christlich-sozialen Großbürgertum. Die Mitglieder des Ruderklubs Pirat, welche am 24. Februar 1883 den Wiener Cyclisten-Club gründeten, rekrutierten sich großteils aus Wiener Fabrikantenkreisen. Nach einigen Fusionen entstand 1907 schließlich der Wiener Sport-Club. Seit 1904 wird der Platz an der Alszeile bespielt.

Das fußballbegeisterte proletarische Wiener Publikum war beim Sportclub-Platz zwar gerne gesehen, Mitglieder durften sie aber nicht werden. Juden schon gar nicht. Dafür war der christlich-soziale Bürgermeister Karl Lueger ein gern gesehener Gast im WSC-Clubheim in der Rötzergasse.

Nach außen gerierte sich der WSC streng unpolitisch. Doch der sozialdemokratischen und kommunistischen Arbeiterpresse war der Verein ein Dorn im Auge. Man rechnete den WSC dem reaktionären Lager des Wiener Fußballsports zu und unterstellte dessen Mitgliedern gerne ein „Hakenkreuzlertum".

Feinde der Arbeiterbewegung waren diese Herrschaften sicher. Überzeugte Unterstützer des Ständestaats unter dem Diktator Dollfuß ebenfalls. NSDAP-Sympathisanten waren sie wohl weniger. Mit diesem „Pöbel" wollte man als gutbürgerlicher Mann aus feinem Hause dann doch nichts zu tun haben, auch wenn man viele antidemokratische Auffassungen teilte.

Da passt es ins Bild, dass der WSC in der Zeit der ersten Republik zwar keine jüdischen Mitglieder aufnahm – einen gesetzlichen Arierparagraphen brauchte es dafür nicht, es gab ein „Gentlemens' Agreement" – gleichzeitig aber eine enge Beziehung zum ausschließlich jüdischen Verein Hakoah pflegte. Regelmäßig wurden Freundschaftsspiele ausgetragen. Die Hakoah schenkte dem WSC im Juni 1923 einen hübschen Wimpel zum 40-jährigen Bestehen.

Und doch kam es auch auf dem Sportclub-Platz zu antisemitischen Ausfällen (wie auf den meisten Wiener Fußballplätzen jener Zeit). Das Geschichtsbuch *Von Dornbach in die ganze Welt* zitiert aus einem Polizeiprotokoll: „Nach dem Schluß des am 3. Oktober 1920 auf dem Sportplatze (…) abgehaltenen Fußballwettkampfes zwischen dem ‚Wiener Sportklub' und dem jüdischen Sportklub ‚Hakoah', welcher von ungefähr 9000 Zuschauern besucht war, zogen mehrere Tausend Teilnehmer, welche infolge des Sieges der jüdischen Sportvereinigung ziemlich erregt waren, durch die Hernalser Hauptstraße gegen die Stadt. Als denselben in der Nähe der Behringgasse der jüdische Mediziner Leo Figur, XVI., Thaliastraße wohnhaft, entgegenkam, brachten sie ihren Hass gegen die Juden durch laute Rufe ‚Nieder mit den Juden' zum Ausdrucke. Leo Figur wurde von der Menge umringt, welche Miene machte, ihn zu misshandeln. Er wurde jedoch von der Sicherheitswache in Schutz genommen und zum nächsten Wachzimmer geleitet."

Im selben Geschichtsbuch findet sich auch ein bemerkenswertes Zitat von Fritz Mandelbaum. Der wuchs als Fabrikantensohn in der Thelemangasse in Hernals auf. Im Gymnasium Geblergasse 67 ging er zur Schule. 1939 mussten er und seine Familie vor den Nazis aus Österreich flüchten. In den USA machte Mandelbaum unter dem Namen Frederic Morton Karriere als Schriftsteller. Über den Wiener Sport-Club schrieb er: „Für uns galt der Sport-Club als antisemitisch, als feindlicher Verein, nein, ich würde nicht sagen als feindlich, das ist zu viel, als unangenehmer Verein. Meine Mannschaft war die Austria, die meines Vaters die Hakoah. Ich war aber in meinem Leben nie am Sport-Club-Platz. Ich war zwar ein guter Sportler, habe mich aber für das nicht so interessiert."

In der jüngeren Vergangenheit war in Mandelbaums Geburtshaus in der Thelemangasse 4 zeitweilig ein Kulturzentrum untergebracht. Im Jahr 2013 wurde hier die den gesamten deutschsprachigen Raum bereisende Wanderausstellung „Tatort Stadion 2" gezeigt, die Rassismus, Sexismus und Homophobie im Fußball thematisiert. Die Fans des Wiener Sport-Clubs waren natürlich beteiligt. Zu einer Podiumsdiskussion am 4. September 2013 über die „Geschichte der Friedhofstribüne – Von Schwarz auf Weiß bis zum Ute Bock Cup" erschienen über 100 Zuhörer*innen. Anschließend gab es eine Soliparty im Lokal *Flag,* welches unter der Friedhofstribüne untergebracht ist. Der Erlös kam Flüchtlingen zugute, die damals in Wien für ihr Recht auf Asyl kämpften. Das war seinerzeit eine Bewegung, die zehntausende Menschen auf die Straße brachte.

Das Kulturzentrum in der Thelemangasse ist inzwischen Geschichte. Ein deutscher Immobilienkonzern hat das Gebäude gekauft und sowohl den Kulturverein als auch die übrigen Mieterparteien mit ruppigen Methoden vertrieben. Inzwischen hat der Konzern das Haus als Spekulationsobjekt wieder für einen großen Millionenbetrag auf den Markt geworfen. Auch an Hernals geht die schleichende Aufwertung und Verteuerung der Wiener Außenbezirke nicht spurlos vorbei. Eine Gedenktafel für Fritz Mandelbaum und seine Familie sucht man am Gebäude vergeblich. Weder der Bezirk Hernals noch die Stadt Wien haben daran ein Interesse.

Übrigens die Geblergasse: Die Schule, in der Frederic Morton seine Jugend verbrachte, wurde in den späten 1980er und 1990er

Jahren zu einer Art Basis für jene Fans, die später den Fanclub Freund*innen der Friedhofstribüne gründeten und antifaschistische Werte hier verankerten. Diese werden bis heute hochgehalten und an neue Generationen weitergeben. Insofern hat sich vielleicht doch eine Art Kreis geschlossen.

Der Antifaschismus beim WSC ist nicht vom Himmel gefallen. Er musste bewusst durchgesetzt werden und muss auch heute immer wieder verteidigt werden, sogar gegen manche aus den eigenen Reihen. Das gilt auch für Aktionen gegen nicht nur im Wiener Fußball verankerte Homophobie, oder wenn es um sexistische Vorfälle geht.

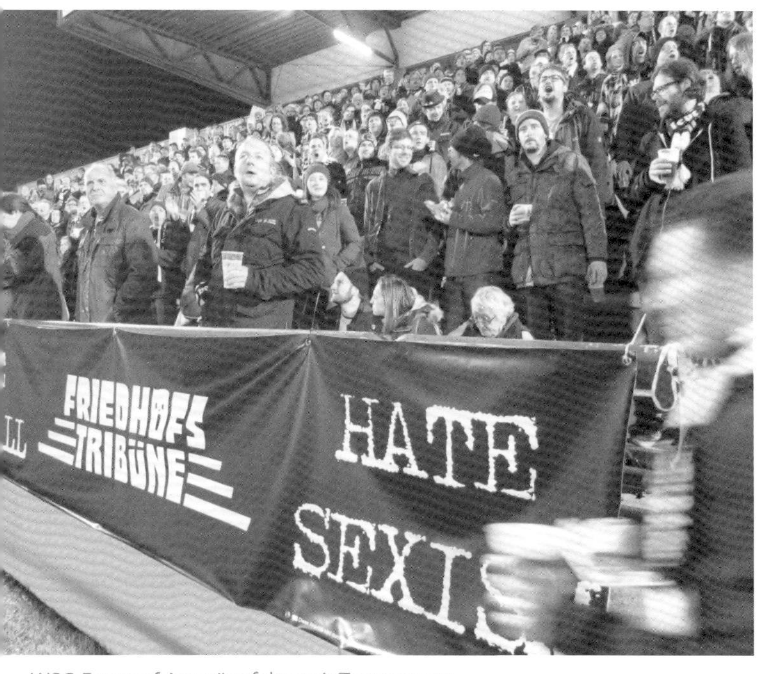


WSC-Fans auf Auswärtsfahrt mit Transparent.

Es ist ein lauer Sommerabend auf der Hohen Warte im Juni 2011. Etwa 5.000 Leute sind gekommen, um sich das Relegationsspiel der Vienna gegen Parndorf anzuschauen. Auch rund dreißig Sportclub-Fans bevölkern die Auswärtstribüne. Sie fordern lautstark den Abstieg der Vienna in die Regionalliga Ost. Dafür tanzen sie auf der Tribüne und skandieren: „There is only one Wiener Derby!"

Zu diesem Zeitpunkt war das letzte Aufeinandertreffen von WSC und Vienna in einem Pflichtspiel schon längere Zeit her und „das Derby" für viele WSC-Fans nur ein nostalgisches Gesprächsthema auf Auswärtsfahrten oder nach Regionalliga-Partien am Sportclub-Platz. Beim Derby wäre die Hütte mit 6.000 Leuten voll, sonst spielt man derzeit vor einer Kulisse mit vielleicht 1.400 Zuschauer*innen.

Für ältere Sportclub-Fans kommen Jugenderinnerungen hinzu. In den 1980er und 1990er Jahren waren jugend- und subkulturelle Angebote an einer Hand abzählbar. Die Fans der Vienna und des WSC trafen deshalb in denselben Clubs und Lokalen aufeinander und lernten sich kennen. Man entdeckte neben zahlreichen Unterschieden auch viele Gemeinsamkeiten. Dazu gehörte das Bekenntnis zum Antirassismus und einer friedlichen Atmosphäre. Sogar ein gemeinsames Fanzine wurde einmal produziert, der Titel: Derby of Love. Kurz gesagt: Im Jahr 2011 will man die Lieblingsgegnerin Vienna wieder in der Liga und im Stadion haben. Und deshalb soll, zumindest aus schwarz-weißer Sicht, die Vienna endlich absteigen. Es bringt nichts. Die Vienna wird dieses Spiel und auch die Rückrunde gewinnen.

Zeitsprung ins Jahr 2017. Die Vienna hat nun doch einige Jahre in der Regionalliga Ost verbringen müssen. Aufgrund von Umständen, die hier nicht näher aufgerollt werden sollen, steigen die Döblinger Blau-Gelben im Winter 2018 in die 2. Wiener Landesliga ab. Zwangsweise. Bis dahin hat es aber diverse Derbys zwischen den Döblingern und den Dornbachern gegeben. Und zumindest auf Dornbacher Seite ist unter manchen Fans inzwischen eine gewisse Derbymüdigkeit spürbar.

Der Begriff „Derby of Love" ist längst zu einem Marketinginstrument geworden. Auch die Wiener Medienlandschaft verwendet ihn geradezu inflationär. Gerne wird es als die Alternative zum großen Derby zwischen Rapid und Austria gepriesen. Rund 6.000 Leute pilgern auf den Sportclubplatz oder die Hohe Warte für dieses Spiel. Es wird im Fernsehen übertragen. Die Stimmung ist gemütlich, ohne Polizeigroßaufgebot oder sonstige Probleme.

Genau aus diesem eigentlich positiven Zustand ist in den letzten Jahren ein Problem erwachsen, welches der Tendenz des Fußballbetriebs geschuldet ist, aus wirklich allem ein vermarktungsfähiges Produkt zu basteln. Der Begriff „Derby of Love" wurde zur Marke stilisiert, um ein Hipster-Publikum auf den Platz zu locken, welches Fußballspiele höchstens aus dem Fernsehen kennt. Diesem Publikum wurde medial ein Bild vermittelt, wonach es den supertoleranten Fans beider Vereine um alles geht, nur nicht um das Spiel an sich. Versprochen wurde eine „tolle Atmosphäre" an der „auch Kinder und Frauen" teilhaben können. Als ob diese auf anderen Plätzen täglich um ihr Leben fürchten müssten, oder als ob Frauen und Kinder nicht auch sonst an aktiver Fankultur Gefallen finden und diese ausleben könnten.

Es stimmt schon: Die Auseinandersetzungen zwischen dem WSC und der Vienna finden auf dem Spielfeld und auf den Rängen statt, aber beide Seiten wünschen keine Schlägereien. Nach dem Spiel mischen sich beide Lager. Man kennt sich und teilt ein paar Bier. Und doch ist es ein Derby! Die Niederlagen schmerzen. Vor dem Spiel scheißt man sich schon Tage vorher an, beziehungsweise fiebert ihm entgegen. Und das trotz des Massenansturms des Hipster-Publikums.

Aber so ein Publikum ist in der Lage, jeden Anflug von Atmosphäre innerhalb von Minuten zu zerstören. Sie stehen überall im Weg herum, sie finden Fangesänge und Sprechchöre lustig und verhalten sich, als wären sie im Zoo. Hier gibt es Fußballfans, die man sogar streicheln darf. Sie beißen nicht. Westworld, where nothing can possibly go wrong.

Andererseits ist der Hype inzwischen wieder etwas abgeflaut. Regionalligafußball ist eben nicht Barcelona, Bayern oder Chelsea. Und zumindest in der Hinrunde findet dieser Fußball durchaus in der nasskalten Jahreszeit statt. Kurzum: Manchmal macht das Derby beim besten Willen einfach keinen Spaß.

In Erinnerung ist mir das Auswärtsderby im November 2016 auf der hohen Warte. Das Spiel war schlecht, die Stimmung auch. Im

Heimsektor der Vienna bemühte man sich verzweifelt, aber vergeblich, mit Leuchtsignalen Aufmerksamkeit zu erregen. Ansonsten ging bei denen da drüben an diesem Abend stimmungsmäßig auch nicht viel. Und das trotz eines blau-gelben Derbysieges. Auffällig war auf Döblinger Seite eine Schwenkfahne mit der Aufschrift „Sportclub wegkicken". Das Ding war riesig. Es muss die beteiligten Jungakademiker*innen viele Stunden gekostet haben, die Fahne zu malen. Wahrscheinlich wurden die Eltern angepumpt, um Material zu finanzieren. Oder es wurde Papas Dienstporsche verpfändet? All das, und das einzige, was denen einfällt, ist „Sportclub wegkicken"?

Laut eigener Aussage schlafen Döblinger ja unterm Porsche oder vor dem Luxushotel. Angesichts der Döblinger Kreativfahne entstand vor dem inneren Auge des Autors ein Bild. Damals waren die Proteste gegen das Hamburger Gefahrengebiet noch im Gedächtnis. Viele Einwohner*innen der Hansestadt hatten viele Tage mit Klobrillen gegen die Besetzung ihrer Stadtviertel durch die Polizei demonstriert. Eine Punkband lieferte mit „wir wollen Bullenwagen klaun und die Innenstadt demolieren" den Soundtrack dazu.

Döbling ist das Wiener Luxus- und Villenviertel par excellence, sieht man einmal vom Karl-Marx-Hof und anderen Gemeindebauten ab. Jetzt stelle man sich einen vor dem Sektor des schwarz-weißen Anhangs am Spielfeldrand entlangfahrenden, selbstgebastelten Porsche aus Pappe vor. An der Mitte der Tribüne kommt er zum Stehen. Am Zaun hängt ein Transparent: „Porschewagen klaun und Döbling demolieren". Dann werden die Feuerzeuge gezückt und der Porsche brennt. Skandal, Spielabbruch, nie wieder Derby of Love.

Aber als WSC sind wir ja nicht so. Wir stehen über den Dingen. Auch über dem Döblinger Kindergarten. Es ist Nacht, wir tragen schwarz und vor allem Sonnenbrillen. Außerdem tun wir bekannterweise keinem was. Und es gab an jenem Abend noch Wichtigeres zu erledigen.

Mit einer Spruchbandaktion beteiligte sich die Friedhofstribüne an einer vereinsübergreifenden Kampagne österreichischer Fußballfans, mit der die Kennzeichnungspflicht für Polizisten gefordert wurde. „Ob in Wien, Graz, Salzburg, Innsbruck oder anderswo: Polizisten überschreiten ihre Befugnisse und brechen im Schutz der Anonymität Menschenrechte. Um dem entgegentreten zu können, muss jeder Beamte an der Uniform klar gekennzeich-

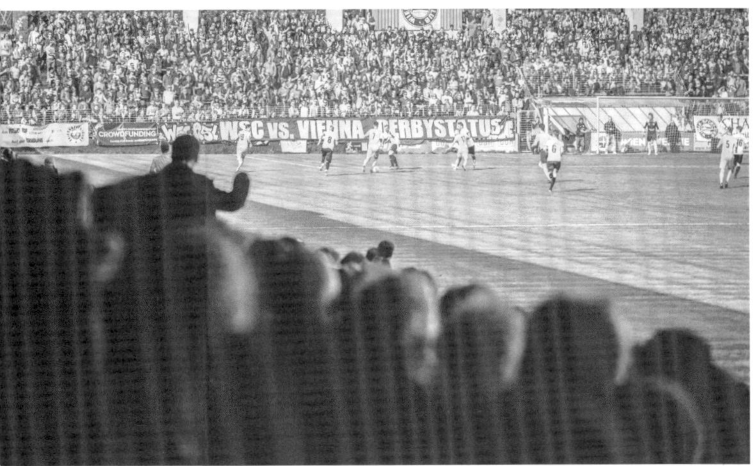

Blick auf die FHT von der Haupttribüne.

net werden", heißt es in einem gemeinsamen Aufruf verschiedener Fanszenen. Und weiter: „Fans haben jahrelang negative Erfahrungen mit Polizeieinsätzen gemacht. Überwachung und Repression haben ein beklemmendes Ausmaß angenommen; wir erleben ein stetiges Aufrüsten und beinahe jährlich werden die Befugnisse der Polizei ausgeweitet. Spätestens seit den Jahren vor der Europameisterschaft 2008 sind Polizeieinsätze bei Fußballspielen für sicherheitspolitische Experimente zur Bekämpfung zivilgesellschaftlicher Freiräume missbraucht worden."

Zivilgesellschaftliche Freiräume verteidigen – daran beteiligt sich der Fußballfan von Welt doch gerne. Denkste. Stattdessen fangen manche, die den ganzen Abend keinen einzigen Blick aufs Spielfeld geworfen und sich stattdessen lieber lauthals bierseelig mit ihren Nachbarn unterhalten haben, plötzlich an, eigene Menschenrechtsfragen aggressiv zu thematisieren. Nämlich das Menschenrecht auf einen jederzeit zugänglichen freien Blick auf den Rasen. Als ob es da etwas zu sehen gäbe. Als ob die entsprechenden Herrschaften sonst überhaupt geistig dem Spiel beiwohnen täten. Aber nein: Hier kommt es, das Totschlagargument: „Spruchbänder, das ist ja schon wie bei den Ultras! Ihr seid ja schon wie bei Rapid!" Untermauert wird das mit panischem Zerren und Reißen am Spruchband. Es könnte ja justament jetzt gerade in dieser Sekunde ein Tor fallen. (Ein Wunschtraum.)

Das sogenannte „Derby of Love“ ist längst zu einem inhaltsleeren Ritual verkommen. Es ist in dieser Hinsicht ein Spiegelbild des großen Derbys zwischen Austria und Rapid, auch wenn die Gemeinsamkeiten zwischen beiden Events sonst sehr gering sind. Der Punkt beziehungsweise das Problem liegt beim Begriff „Event“. Die Eventisierung und Kommerzialisierung des Derbys zwischen WSC und Vienna wird genau dieses langfristig kaputt machen. Die spannende Frage ist, ob den Fans beider Vereine kreative Lösungen für eine Erneuerung einfallen, die sich jenseits der Vermarktungslogik beider Vereinsführungen bewegen und zur gemeinsamen Erneuerung einer alternativen Fankultur beitragen könnte. Es muss ja keine Liebe sein. Aber Solidarität untereinander wird man in den kommenden Jahren aus unterschiedlichsten Gründen brauchen. Ein Blick in die derzeitige politische Landschaft Österreichs sollte klarmachen, warum.

Apropos Rapid. Für die Entwicklung der heute beim WSC bestehenden Fußballfankultur haben die Hütteldorfer Ende der 1980er Jahre tatsächlich eine gewisse Bedeutung gehabt. Und sei es auch nur als abschreckendes Beispiel in mehr als einer Hinsicht. Noch heute wird nach dem Sieg einer WSC-Mannschaft von den Fans „Danke, dass wir zum Fußball gehen und nicht zu Rapid" angestimmt. Vor allem bei den Älteren kommt das durchaus aus tiefstem Herzen. Dabei hat der WSC seit Ewigkeiten nicht mehr gegen die grün-weiße Kampfmannschaft, sondern höchstens gegen deren Amateure gespielt.

Eine wichtige Rolle in dieser Gemengelage spielte Hannes Nouza, der langjährige Chef der Tankstellenkette Avanti. In den 1980er Jahren war er der große Geldgeber beim WSC. Im Juni 1986 wurde er Vereinspräsident. Sein Ziel: Den WSC zur dritten fußballerischen Kraft in Wien zu machen. Um dies zu realisieren, agierte Nouza so, wie es die im Fußballgeschäft omnipräsenten Oligarchen heute immer noch tun, wenn auch auf einem inzwischen weitaus höheren finanziellen Niveau, als Nouza das damals vermochte.

Nouza schmiss Geld in den Sport-Club und kaufte teure Spieler. So sollte es steil nach oben gehen. Das tat es aber – trotz einiger Erfolge – nicht. Vor allem Ende der 1980er Jahre ging es mit dem WSC sportlich bergab. Zwischenzeitlich fand man sich am unteren Ende der Bundesligatabelle wieder. Auch die Zuschauerzahlen brachen ein. Teilweise besuchten bloß unter 1.000 Zuschauer*innen die Heimspiele. Die Zahl der Auswärtsfahrer konnte man manchmal an zwei Händen abzählen.

Was tut ein Unternehmer, dessen Betrieb nicht mehr so läuft? Er denkt über Fusionen und Standortverlegungen nach. Nouzas Parole im Dezember 1988 lautete: „Nach Westen, junger Mann! Nach Westen!" Genauer gesagt, in den Westen Österreichs, nach Salzburg nämlich. „Wir müssen dorthin gehen, wo Interesse für den Fußball herrscht. Laut Zuschauerziffern herrscht in Wien kein Bedarf", sagte er der Zeitschrift Sport und Toto. In Salzburg gab es 12.000 Menschen, die sich WSC-Spiele anschauen wollten, gab der Tankstellenkönig weiter zu Protokoll.

Damals erschien am Sportclub-Platz die erste Ausgabe einer Gazette, die später Legendenstatus erreichen sollte: das Fanzine

Schwarz auf Weiß. Es war eine der ersten, wenn nicht sogar die erste derartige Publikation in einem Fußballstadion der Alpenrepublik. Fans nahmen am Spielgeschehen nicht mehr sprachlos und als reine Konsument*innen teil. Sie fingen an, Stellung zu beziehen. In Sachen Umzug nach Salzburg fiel diese Stellungnahme eindeutig aus: „Falls an dem obigen Bericht aus SPORT UND TOTO auch nur ein Funken Wahrheit ist, müßte man unseren Sponsor Ing. Nouza mit einem naßen Fetzen aus Dornbach ausjagen. Der Gedanke, einen der größten Traditionsvereine Wiens mit 105-jähriger Geschichte nach Salzburg auszusiedeln, kann nur einem in Auflösung befindlichen Hirn entstammen. Aber eigentlich kann es sich ja nur um eine Zeitungsente handeln … Andernfalls gibt's einen Aufstand, wie ihn Dornbach schon lange nicht mehr gesehen hat."

Es war keine Zeitungsente. Hannes Nouza plante und forcierte eine Fusion des WSC mit der Austria Salzburg. Rückblickend hat das eine gewisse Ironie, da die Austria Salzburg Jahre später vom Red Bull-Konzern übernommen und zu Red Bull Salzburg umgewandelt wurde. Inzwischen wurde die Austria von ihren Fans neu gegründet und spielt derzeit in der Regionalliga West.

In Dornbach war man über die Perspektive, zukünftig mit Shuttlebussen zu Heimspielen in Österreichs Westen pilgern zu müssen, überhaupt nicht begeistert. In der zweiten Nummer von Schwarz auf Weiß war zu lesen: „Nun ist es sozusagen offiziell, auch Kurier und Krone berichten über die Fusionspläne (…). Noch am Abend findet im Lokal *Moretti* eine Krisensitzung statt. 5 Sportclubanhänger (Herbie, Michi, Peter, Robert und ich) zerbrechen sich die halbe Nacht den Kopf über Maßnahmen, die gesetzt werden müssen. Es wird beschlossen, mit der Anhängervereinigung (Hrn Köhler) Kontakt aufzunehmen, Briefe an Kommunalpolitiker zu schreiben und in der Stadthalle Transparente zu entrollen. Wir sind bestürzt, fassungs- und ratlos … (…) Das größte Problem an der Übersiedelung sind laut Ö3 die hohen Fahrtkosten nach Salzburg für die übrigen Wiener Vereine, mir und vermutlich nicht nur mir wurde schlecht. Gibt es denn kein öffentliches Interesse, einen Verein mit über 100-jähriger Tradition in Wien zu behalten?"

Den Diskussionen folgte die wohl erste Protestaktion jener Fans, die schon bald den Fanclub Freund*innen der Friedhofstribüne gründen sollten. Ort des Geschehens war das Stadthallenturnier am 26. Dezember 1988. Schwarz auf Weiß berichtete: „Bereits um 13 Uhr trafen sich einige Sportclub-Fans, um für die Stadthalle ein Protesttransparent anzufertigen. Lange Diskussionen folgten, vor allem Teli sorgte mit seinen Schüttelreimen für Heiterkeit – allerdings hätten wir für seine Vorschläge ein 20 Meter langes Transparent benötigt. (…) Schlußendlich entschieden wir uns für den Spruch ‚Quo vadis – Wiener Sportclub?', den wir am Gürtel auf das 5 m × 1,2 m große Transparent sprayten."

Als alternative Slogans standen übrigens unter anderem „Heimspiele in Afrika" oder „Wiener Schnitzel statt Salzburger Nockerln" im Raum.

Der Plan, den Wiener Sport-Club nach Salzburg zu exportieren, wurde schließlich aufgegeben. An der Grundidee, den WSC mit einem anderen Verein zu fusionieren, wurde jedoch weitergearbeitet. Im Jahr 1989 spielte der WSC mal wieder schlecht. Die Zuschauerkulisse war dementsprechend. Nur wenige hundert Menschen trieb es an den Spieltagen zum Sportclub-Platz nach Dornbach. Und das in der Bundesliga!

Tankstellenkönig Hannes Nouza steckte in einem Dilemma. Er hatte sich eine teure Mannschaft zusammengekauft, die sportlich nichts zustande brachte. In der Sport-Club-Chronik *Von Dornbach in die ganze Welt* steht geschrieben: „Der Sport-Club war nicht nur kein Geschäft, sondern hatte sich finanziell zu einem Fass ohne Boden entwickelt. Aufwand und Ertrag standen in keinem vertretbaren Verhältnis mehr zueinander. Seinem Wesen entsprechend plante Nouza zur Rettung der für ihn längst nicht mehr zufriedenstellenden Situation keine behutsamen Schritte, sondern verkündete mit einem Paukenschlag seinen Lösungsvorschlag. Eine Kooperation mit Rapid schwebte ihm vor, wobei dem Wiener Sport-Club naturgemäß die Rolle eines Junior-Partners zufallen sollte."

Die Junior-Partner-Rolle hatte es in sich. Der WSC trat einige seiner besten Spieler, darunter einige aus dem Nationalteam, an Rapid ab. Rapid verlieh dafür „junge Talente" nach Dornbach, die dort „aufgebaut" werden sollten. Das war für viele schwarz-weiße Fans schon schwer zu ertragen, doch es kam noch dicker. Der Sport-Club trug seine Heimspiele nun im Hanappi-Stadion aus, und zwar vor den Rapid-Heimspielen. Fußball im Doppelpack, man muss kein Geld für den Betrieb des Sportclub-Platzes ausgeben, alles in Butter.

Doch wieder standen die Stehplatzfans des WSC auf der Matte, um ihren Club zu verteidigen. Die dritte Ausgabe von Schwarz auf Weiß titelte: „Nach jahrelangem und stetigem Auf und Ab wurde der Verein plötzlich und unerwartet im Jahre 1989 von Benzinfässern überrollt und starb einen grausamen und ungerechten Tod."

Man beließ es aber nicht bei Trauerkundgebungen. Wie schon zuvor beim Versuch, den WSC nach Salzburg auszulagern, gab es auch jetzt wieder Proteste. Sie wurden in der dritten Ausgabe von Schwarz auf Weiß ausführlich dargelegt: „Aufgrund der letzten, wirklich erschütternden Ereignisse (Kooperationsvertrag mit Rapid und ein wahnwitzig anmutender Spielertausch mit gerüchteweisem finanziellen Verlust), die ihren Höhepunkt in der ersten Doppelveranstaltung im Hanappi-Stadion erreichten, entschlossen wir uns (leider nur etwa zu zehnt) eine kleine, aber, wie wir hofften, auffällige Protestaktion zu starten.

Wir trafen einander, mit Stoffbahnen und Spraydosen ausgerüstet, einige Stunden vor Matchbeginn, um uns passende und originelle Sprüche einfallen zu lassen. Wir schafften es immerhin, zehn Transparente zu produzieren, die von gezeichneten Totenköpfen und Grabsteinen bis zu ironischen Slogans alle unsere Emotionen widerspiegelten. So gewappnet machten wir uns auf den langen Weg ins ferne Hütteldorf. Im Hanappi-Stadion eingetroffen, begannen wir damit, unsere Werke aufzuhängen und bereits währenddessen befürchtete ich, was da kommen möge. Denn ein obrigkeitshöriger Ordner kam zu mir und überbrachte eine Mitteilung der Stadionverwaltung, wonach wir die Transparente wieder herunternehmen sollten. Ich schickte ihn mit einer, zugegebenermaßen, nicht sehr freundlichen Antwort zurück und setzte mein Werk fort. Doch wie erwartet, kamen, kaum daß wir Platz genommen hatten und das Spiel angepfiffen war, ein paar Ordner mit Unterstützung zweier uniformierter ORDNUNGS-Hüter und begannen pflichtbewusst unsere, anscheinend illegalen, Transparente einzusammeln und mitzunehmen.

(…) Nun jedoch zum sportlichen Teil dieses denkwürdigen Nachmittags. Unsere Mannschaft bot eine katastrophale Leistung und hinterließ einen völlig desolaten Eindruck, der mir dadurch versüßt wurde, daß ich manchmal das Gefühl hatte, die Spieler würden mit ihrer schlechten Darbietung gegen diesen Vertrag mit Rapid protestieren (…).

(…) Das Resümee dieser Aktion von Hrn Nouza ist, daß der Fußball leider nur ein Geschäft wie jedes andere ist und daß macht- und publicity-geile Manager über die Köpfe Tausender Menschen hinweg Entscheidungen treffen, die jeder Vernunft entbehren. Zum Glück gibt es auch beim WSC eine Handvoll Leute, die aktiv gegen solche Aktivitäten protestieren."

Neben den Aktionen im Stadion formierte sich auch ein Komitee mit dem Namen „Rettet den Sport-Club", welches sich die Rücknahme der „Kooperation" mit Rapid auf die Fahnen schrieb. Es wurde hauptsächlich von langjährigen WSC-Fans getragen. Durch die Arbeit dieses Komitees und der Anhängervereinigung des WSC musste Nouza schließlich gehen, die Kooperation wurde zurückgenommen.

Es war nicht das erste Mal, dass WSC-Fans zur Rettung ihres Vereins einschreiten mussten. Es war auch nicht das letzte Mal. Schon in den 1960er Jahren hatte es Pläne für eine Fusion des WSC mit der Rapid gegeben. Für die Saison 1971/72 gab es entsprechende Absprachen, die auf Dornbacher Seite vom damaligen Vereinspräsidenten und Geflügelgroßhändler Josef Draxler forciert wurden. Die Anhängervereinigung des WSC mobilisierte gegen die Pläne und brachte diese auf einer Mitgliederversammlung zu Fall. Man sieht auch hier: Der Konflikt zwischen Fans und Vereinsleitung beziehungsweise Geldgeber*innen zieht sich wie ein roter Faden

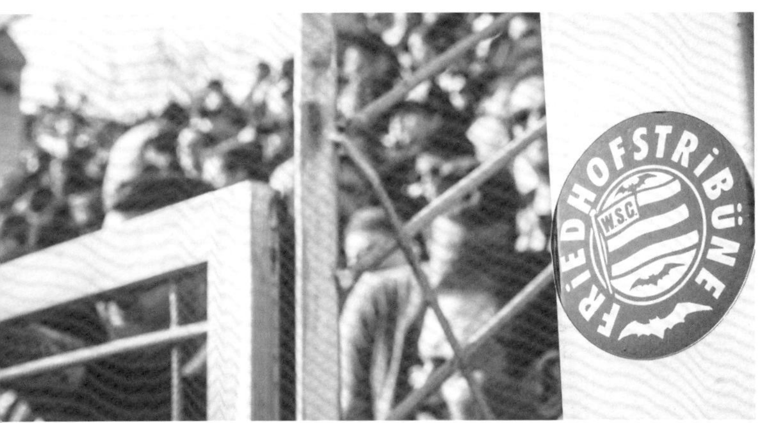


Fledermäuse gibt es nicht nur auf dem Sticker, sie fliegen tatsächlich oft und gerne über den Sportclub-Platz.

durch die Vereinsgeschichte der vergangenen Jahrzehnte. Immer waren es die Fans, die als Feuerwehrleute zur Krisenlöschung einsprangen. Und oft wurden diese Krisen durch Sponsoren und das Führungspersonal im Verein befördert, wenn nicht gar ausgelöst.

Der Auswärtssektor im Rapid-Stadion ist übrigens auch heute noch ein sehr ungemütlicher Ort. Die Lage hat sich allerdings in den letzten Jahren immer weiter verschlimmert. Wer als Teil einer größeren Fanszene zu einem Bundesligaspiel dorthin anreist, kann sich glücklich schätzen, nicht von der Staatsmacht zusammengeschlagen, sondern „nur" beleidigt und auf andere Arten und Weisen drangsaliert zu werden. Die Rapid-Hierarchie trägt das mit, allerdings setzt sich die Rechtshilfe Rapid für die Interessen von Auswärtsfans ein und bemüht sich, diese Zustände zu skandalisieren.

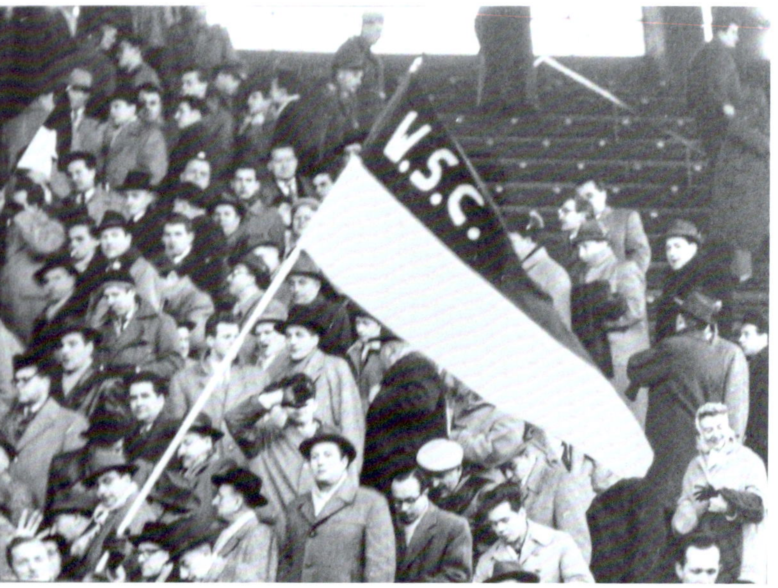


Fankultur hat beim WSC eine lange Geschichte. 1952 wurde die Anhängervereinigung gegründet.

Es ist keine Untertreibung, zu behaupten, dass es den WSC in seiner heutigen Form ohne das dauerhafte Engagement der Anhängervereinigung nicht geben würde. Die hier aktiven Frauen und Männer haben nicht nur Vereinsgeschichte, sondern auch österreichische Fankulturgeschichte geschrieben. Das alles aber immer ohne großes Tamtam oder Aufmerksamkeitsgeheische. Die Geschichte der Anhängervereinigung steht für sich selbst.

Aus heutiger Sicht kann der Anlass für ihre Gründung fast als typisch für den WSC betrachtet werden. Im Jahr 1952 war der WSC das erste Mal abgestiegen und fand sich in der damaligen B-Liga wieder. Vielerorts wurden bereits Grabreden auf den Sport-Club gehalten. Am 9. November 1952 trafen sich um 9.00 Uhr morgens jene Fans, die einem sang- und klanglosen Verschwinden ihres Vereins etwas entgegensetzen wollten. An diesem Tag wurde im *Gasthaus Arnold* in der Ferchergasse die Anhängervereinigung gegründet.

Zu den Gründungsmitgliedern zählten Ludwig Sykora und der Trafikant Karl Cerny. Aus seiner Trafik heraus begann Cerny, Auswärtsfahrten in großem Stil zu organisieren. Anton Kindl, der seit 1956 WSC-Anhänger und jahrzehntelanges Mitglied der Anhängervereinigung ist, beschreibt die Atmosphäre des Jahres 1952 so: „250 Anhänger sahen einen 15:1 Sieg in Neufeld. Nach Hohenau fuhren 550 Anhänger mit vierzehn Bussen. Nach Krems fuhr ein Sonderzug mit elf Waggons von Hernals aus weg. Am Bahnsteig musste eine eigene Holztribüne geschaffen werden, um allen den Zustieg zu ermöglichen." Insgesamt waren es wohl 1.000 Fans, die sich mit diesem Sonderzug auf die Reise machten. „Solche Fahrten gab es damals in dieser Größenordnung sonst nicht. Und alles ist in der Trafik organisiert worden", so Kindl.

Bis heute veröffentlicht die Anhängervereinigung ein regelmäßiges Nachrichtenblatt für ihre Mitgliederschaft, die in den Fünfzigerjahren schnell auf über 400 Personen anstieg. Somit hatte die Anhängervereinigung über lange Zeit weitaus mehr zahlende Mitglieder als der WSC selbst. Zeitweilig waren 1.000 Menschen in ihren Reihen aktiv. Innerhalb der Anhängervereinigung konnte eine Mitgliederdemokratie gelebt werden, wie sie heute beim wiedervereinigten WSC Mangelware ist. Das Nachrichtenblatt erfüllte und erfüllt hier eine wichtige Funktion. Einerseits wurden über diese Zeitung die Auswärtsfahrten organisiert, andererseits gab es nur hier wesentliche Informationen über das Vereinsleben beim WSC – und später beim WSK.

Die Sonderausgabe *30 Jahre Nachrichtenblatt* aus dem Jahr 1982 bietet eine lesenswerte Zusammenstellung diverser Artikel. Zum Beispiel dieser hier aus dem Jahr 1957: „Kaum 3 Monate nach dem ersten Sonderzug nach Krems am Pfingstsonntag führten wir am 1. September neuerlich einen Sonderzug zum Spiel unserer Mannschaft nach Krems und wir zählten diesmal noch mehr Mitreisende als beim letzten Mal. Der Bahnsteig in Hernals war bei beiden Fahrten für die vielen Waggons zu klein, so daß einige Waggons außerhalb des Bahnsteiges stehen mußten. Eine weitere Steigerung der Waggonanzahl wäre unmöglich gewesen. Das soll uns einmal ein anderer Anhängerklub nachmachen. Unser Dank gilt vor allem Herrn Cerny, der bei beiden Fahrten allein über die Hälfte der Karten verkaufte, aber auch Frau Holzer erwies sich als tüchtige ‚Verkäuferin'. (…) Im kommenden Frühjahr wollen wir zum ersten Mal einen Sonderzug nach Kapfenberg führen. Natürlich wieder ab Bahnhof Hernals u. zw. gegen 7 Uhr früh. Am Semmering ist ein 5stündiger Aufenthalt vorgesehen (ca. von halb 10 – halb 3 Uhr). Sie können dort mit dem Sessellift auf den Hirschenkogel oder von Maria Schutz auf den Sonnwendstein fahren. Auf jeden Fall haben Sie herrliche Ausflugsmöglichkeiten. Anschließend dann das Spiel in Kapfenberg und gegen zehn Uhr abends sind wir wieder in Wien."

Man beachte den langen Zwischenstopp für das Kulturprogramm. Es ist auch heute noch so, wird aber oft vergessen: Der Fußball ist der Anlass für ausgiebige Auswärtsfahrten zu Orten, die man sonst vielleicht nicht besucht hätte. Er kann so auf diesen Auswärtsfahrten aber schnell zu einer Nebensache oder zu einem Programmpunkt unter vielen werden – so wichtig das Spiel während der 90 Minuten auch sein mag. Womit ich jetzt nicht sagen möchte, dass den Mitgliedern der Anhängervereinigung der Spielverlauf wurscht wäre, das Gegenteil ist der Fall. Hier findet sich das mit Abstand fachkundigste Fußballpublikum, welches mir seit Langem untergekommen ist. Wer das bestätigt haben möchte, dem sei der Besuch einer Versammlung der Vereinigung empfohlen.

Die Anhängervereinigung unterstützte den WSC auch im Ausland bei Europacupspielen. 1958 fuhren 40 Busse mit 1.800 Fans nach Prag. Im Rahmen einer Auswärtsfahrt zu einem Spiel gegen Eintracht Frankfurt wurde die Tradition der sogenannten Frühlingsfahrten geboren. Das waren Trips mit dem Reisebus ins Ausland. Bald kamen auch Herbstfahrten hinzu. „Unser langjähriger Obmann Rudolf Köhler hat über hundert Reisen organisiert", erzählt Anton Kindl. „Der hatte ein Telefonbuch mit Hotels aus ganz Europa. Durch ganz Europa sind wir gefahren: Petersburg, Korfu, Portugal … Die Herbstreisen gibt es heute noch."



Die Meisterschaften von 1958 und 1959 sowie der Triumph über Juventus Turin wurden auch durch das Engagement der Anhängervereinigung ermöglicht. „Die Aufgaben der Anhängervereinigung bestanden immer in der Unterstützung des Nachwuchses und der Bereitstellung von Geldern für die Kampfmannschaft", so Kindl. So kam es, dass der WSC zeitweise die technisch beste Mannschaft aufstellen konnte, die es je in Österreich gegeben hatte.

Im Text *50 Jahre Anhängervereinigung des Wiener Sport-Clubs* von 2002 heißt es:

„Fast ein halbes Jahrhundert sorgten wir uns um den Nachwuchs – besonders die Weihnachtsferien, und immer sprangen wir ein, wenn Not am Mann war. Reparatur des Klubhauses, Betonierung der Westtribüne am Sportclubplatz, Lautsprecheranlage am Sportclubplatz und, und, und. Seit ihrer Gründung sind zusammen siebenstellige Beträge für den Sportclub aufgewendet worden. (…) Die Anhängervereinigung kann auf die 50 Jahre ihrer Tätigkeit stolz sein. Nie marktschreierisch, sondern immer nur ihrer Aufgabe folgend und so soll es auch bleiben."

Eine wichtige Rolle haben immer die Frauen gespielt. Als Beispiel soll Elfriede List angeführt werden. Sie schrieb in der 2012 erschienenen Denkschrift *60 Jahre Anhängervereinigung des Wiener Sport-Clubs:* „Ich kam 1969 zur Anhängervereinigung. Mein Sohn spielte von 1970 bis 1987 beim Wiener Sport-Club im Tor. Danach war er noch Tormann-Trainer. Mein Mann arbeitete am Platz und überall dort, wo er helfen konnte. Ich selbst fing in der Kassa zu arbeiten an. Ich machte auch bei verschiedenen anderen Sachen mit: im Buffet, Nähen usw. Wir fuhren zu allen Auswärtsfahrten mit dem Bus, und davon ausgehend machte die Anhängervereinigung, organisiert von Herrn Köhler, sehr schöne Bus-Reisen zu den verschiedensten Zielen. Wir waren immer wie eine kleine Familie."

In seinen Danksagungen schrieb der damals geschäftsführende Obmann Rudolf Köhler aus Anlass des 25. Jubiläums der Anhängervereinigung im Jahr 1977: „Da sind zum ersten einmal die Frauen und das ist vielleicht das Besondere an der Anhängervereinigung des WSC, daß die Geschichte auch viele Frauen mitgeschrieben haben. (…) So schlecht konnte das Wetter gar nicht sein, daß diese Frauen nicht im Einsatz waren. Eine möchte ich besonders herausstreichen, die Frau meines Bruders, also die Poldi, die seit 24 Jahren für die Anhängervereinigung und auch für den Sport-Club tätig ist. Es ist nicht leicht für eine Frau, die ganze Woche im Beruf zu stehen, den behinderten Gatten zu betreuen und dann noch so viel Zeit für den Sport-Club und seine Anhängervereinigung zu opfern. Also hier ein wirkliches Dankeschön."

Für ihren Einsatz erhielt die Anhängervereinigung durchaus Anerkennung vom Verein. „Wir konnten die Westtribüne (das ist die heute als Haupttribüne bekannte Längstribüne) immer als Stehplätze nutzen", erzählt Anton Kindl. „Die Anhängervereinigung hat für diese Plätze Ermäßigungen gekriegt."

Andererseits scheute man bei der Anhängervereinigung nicht die Konfrontation mit der Vereinshierarchie, wenn dies für nötig gehalten wurde. Schon 1971 opponierte die Vereinigung gegen den ersten Versuch, den WSC mit Rapid zu fusionieren. In der Broschüre *25 Jahre Anhängervereinigung* wird darauf zurückgeblickt: „Wieder war es mit ein Verdienst der Anhängervereinigung des WSC, daß dieser ungeheure Anschlag auf die Selbstständigkeit des WSC abgewehrt werden konnte. Heute weiß man es noch viel besser, was aus den kleineren Klubs, die sich mit den sogenannten Großen fusioniert haben, geworden ist. WAC scheint nicht einmal mehr im Namen auf, und auch Wacker ist bei Admira nur mehr eine leere Wursthaut ohne Wurst. Die vielen Meidlinger haben sich mit dem neuen Verein Admira-Wacker nicht identifiziert und gingen dem Fußball nach kurzer Zeit endgültig verloren. Ihr Klub existiert nicht mehr, daher suchten sie sich ein anderes Hobby.

Diese Fusionierungen waren im Raum Wien nicht die Rettung, die da prophezeit wurde, sondern eine weitere Schwächung für den Wiener Fußball. Was sich schon bei der Mitgliederversammlung am 1.7.1971 gezeigt hat, der Fusionsplan hat keine Unterstützung, und es blieben fast nur die Vorstandsmitglieder übrig, die diesen Plan für gut hießen.

Bei der Generalversammlung am 9.7. wurde dann der Plan mit 74:18 Stimmen abgelehnt. Der gesamte Vorstand trat zurück und Prok. Bruckner wurde von der Generalversammlung zum geschäftsführenden Vizepräsidenten vorgeschlagen. Bruckner nahm unter der Voraussetzung an, daß er die Unterstützung der Anhängervereinigung habe, und die hatte er wirklich.

So blieb der Wiener Sport-Club erhalten, und es gibt ihn heute noch, während er, wäre die Fusion durchgegangen, spätestens beim Übergang Rapids an die Wienerberger sang- und klanglos verschwunden wäre.“

Auch der bereits beschriebene Fusionsversuch von Hannes Nouza im Jahr 1989 wurde von der Anhängervereinigung bekämpft.

1974 wehrte sich die Vereinigung gegen eine Ligareform. Diese beinhaltete die Abschaffung der 17er-Liga in der Bundesliga und deren Umwandlung in eine 10er-Liga. Bei der Anhängervereinigung hielt man das für den Versuch einer Zentralisierung des Fußballs. Die Fußballverbände wollten pro Bundesland nur noch einen, im Falle Wiens nur noch zwei große Vereine für die höchste Liga zulassen. Richtigerweise prognostizierte die Anhängervereinigung in ihren Publikationen, dass dieses Vorhaben zu Lasten des WSC und der Vienna und zugunsten von Rapid und Austria gehen würde. Die Anhängervereinigung kämpfte schon gegen die spezifisch österreichischen Auswüchse des modernen Fußballs, als die allermeisten österreichischen Fußballfans noch nicht einmal davon träumten, dass es diesen Kampfbegriff einmal geben würde.

Beim WSC hat man schon immer gerne gefeiert. Die Anhängervereinigung organisierte in ihrer Geschichte zahlreiche Festivitäten und Bälle. „Anfangs haben wir noch im Vereinsheim in der Rötzergasse gefeiert“, erinnert sich Anton Kindl. „Das war in den 1960er Jahren. Da haben wir noch keinen Kühlschrank gehabt und mussten alles mit Eis einkühlen. Die Sesseln für die Veranstaltung haben wir uns von drei verschiedenen Hernalser Wirten geliehen. Die Anhängervereinigung hat Frühlings- und Herbstfeste organisiert. Es gab Bälle in Hietzing und später in Ottakring. Auch in der Aula der Wirtschaftsuni haben wir Bälle durchgeführt. 400 Leute waren da. Es gab Mitternachtskabarett und Musikbands. Bei den

Frühlingsfesten waren oft Spieler da. Wir haben hunderte Lose zugunsten des WSC verkauft, da sind schöne Beträge übrig geblieben. Zeitweise hatten wir Feste im Pfarrsaal. Der Pfarrer war ein begeisterter WSC-Fan und hat Gulasch für uns gekocht. Heute ist uns das alles leider nicht mehr in dieser Form möglich."

Wenn heute nicht mehr so oft und in großem Ausmaß gefeiert wird, liegt dies sicher auch am hohen Altersdurchschnitt der Mitgliederschaft der Anhängervereinigung. Die verstorbenen Mitglieder werden in Ehren gehalten. Jedes Jahr gibt es Kranzniederlegungen. Im Rahmen ihrer Möglichkeiten bringt sich die Vereinigung nach wie vor in das Vereinsleben ein und sammelt beeindruckende Beträge für den Klub. „2009 haben wir die Patenschaft für eine Nachwuchsmannschaft übernommen. Die haben wir dann über die Jahre von U9 bis U15 mitgenommen. Wir haben Dressen, Badetücher und anderes finanziert. Die müssen sich ja selbst erhalten, so wie die Frauen auch", sagt Anton Kindl. „Wir haben immer gegeben."

Die Herauslösung der Fußballsektion aus dem WSC ging auch an der Anhängervereinigung nicht vorbei. Im Jahr 2002 bekannte sie sich zur Unterstützung für den WSK. In der *60 Jahre Anhängervereinigung*-Schrift heißt es dazu: „Zugegeben, es gab lange Diskussionen und Überlegungen in alle Richtungen, aber die Entscheidung war letztlich ebenso eindeutig wie unmissverständlich: Die Anhängervereinigung unterstützt beide Vereine, den WSC und den WSK, bekennt sich aber zu einer raschen Rückführung des WSK in den WSC. Manche mögen das als Vermeidung einer klaren Position oder als ein Verwässern des Problems wahrnehmen, die Anhängervereinigung versteht diese Haltung als Wahrnehmen einer wichtigen Brückenfunktion zwischen WSC und WSK."

Dieser Text stammt aus der Feder von Kurt Reichinger, der an anderer Stelle in diesem Buch noch als Vater des Friedhofstribüne-Fanzines Schwarz auf Weiß vorgestellt werden wird. Dass der ehemalige FHT-Jungspund zum Obmann der Anhängervereinigung wurde, liegt zu einem gewissen Grad auch an Anton Kindl. „Als unser langjähriger Obmann Rudolf Köhler verstorben ist, haben viele gedacht, dass es jetzt mit der Anhängervereinigung aus ist. Das war wirklich ein großer Schock. Ich habe mich sehr bemüht, damit es weiter geht. Ursprünglich habe ich den Vater von Kurt Reichinger angesprochen, ob er das übernehmen möchte. Doch er wollte nicht mehr, verwies aber auf seinen Sohn. Mit dem Kurt haben wir einen guten Griff gemacht. Alle sind begeistert von ihm."

Übrigens versteht die Anhängervereinigung auch abseits der Tribüne etwas vom Fußball. Die Vereinigung holte nämlich im Jahr 1975 den Fanclub-Europapokal nach Dornbach. In den Worten von Anton Kindl passierte das so: „Der Austria-Fanclub organisierte damals ein Europaturnier. Es nahmen eine Reihe von Fanclubs aus ganz Europa daran teil. Wir konnten uns dafür die offiziellen WSC-Dressen vom Verein ausleihen. Das Finale war ein Match zwischen dem WSC und den Fans von Simmering. Wir haben gewonnen. Die Anhängervereinigung wurde so der erste und einzige Europacupsieger beim WSC."

Die Tradition des Hobbykickens hat die FHT inzwischen übernommen. Unter dem Motto „FHT kickt" nehmen die Freund*innen der Friedhofstribüne an zahlreichen Fanturnieren im In- und Ausland teil, besuchen die Mondiali Antirazzisti in Italien und andere Ereignisse. Von Titelgewinnen ist aus der jüngsten Vergangenheit eher wenig zu hören, hier hat man sich den Leistungen der Kampfmannschaft der Männer angepasst.

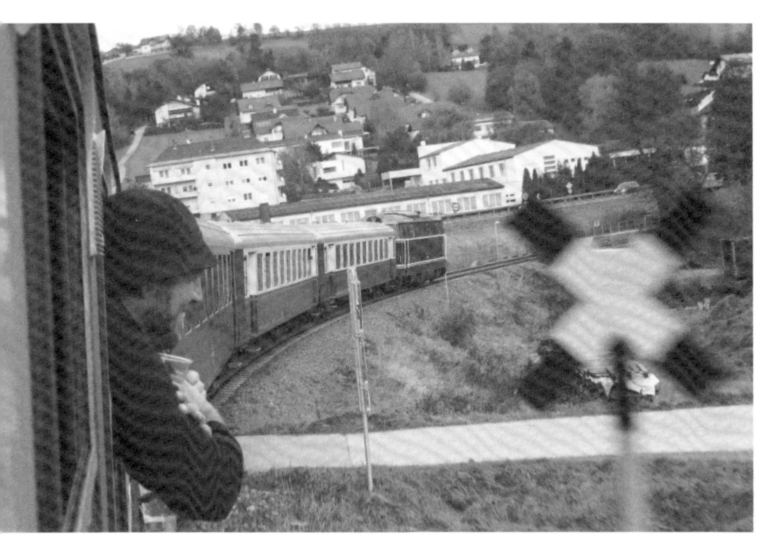

Mit dem Sonderzug nach Oberwart, 3. November 2012.

Der WSC zeichnet sich durch ein eher gemächliches Tempo aus. Es ist hier alles nicht so hektisch. Man kann eine halbe Stunde vor Spielbeginn gemütlich auf die Tribüne schlendern, es sich an seinem Stammplatz bequem machen und die Alszeilen studieren. Nach und nach füllt sich die Tribüne. Einzelpersonen hier, kleine Gruppen da. Die Transparente der Friedhofstribüne werden fast schon beiläufig aufgehängt. Und doch ist diese Beiläufigkeit nur eine scheinbare. Zwar sind die Freund*innen der Friedhofstribüne keine Ultras, aber doch bestimmt diese Gruppe, welches Transparent wo hängt.

Einmal kamen Fans der Nationalmannschaft von Wales zu Besuch. Diese hatten ein Spiel gegen Österreich im Happel-Stadion im Wiener Prater zu absolvieren und nutzten den spielfreien Abend, um Wiener Fußballatmosphäre zu schnuppern. Es waren nette Leute, vom Ambiente zeigten sie sich angetan. Die FHT ist eine Tribüne alter Schule. Es handelt sich um „Terraces", wie es sie auf den britischen Inseln nur noch sehr selten gibt. Überhaupt wird beim Sportclub-Platz oft gerne von „britischen Charme" geredet, weil das Stadion mitten in den Stadtteil hineingebaut ist.

Nun hängten die Waliser auch ihre Transparente an den Seitenzäunen auf. Das gefiel nicht allen, Nationalfahnen gehören nicht zum Stil des Platzes. Lustigerweise gehört zum Transparente-Arsenal der Friedhofstribüne aber auch eine schwarz-weiße britische Flagge, die durchaus öfter mal zu sehen ist. Wer in Großbritannien mit einer britischen Fahne herumrennt, muss sich schon eine Nähe zum rechtslastigen unionistischen Lager nachsagen lassen. Das ist eben mal wieder einer dieser Widersprüche. Den einen ist das Thema sehr wichtig, andere reden von Mücken und Elefanten und wieder anderen geht es völlig am Arsch vorbei. Es gab eine freundliche Diskussion mit den Walisern, am Ende betranken sich alle gemeinsam im *Flag* und es wurde, wie meistens, ein schöner Abend.

Es war aber nicht immer so, dass der Nationalfußball auf der FHT verpönt gewesen wäre. Im Gegenteil, gehören doch Besuche bei heimischen und ausländischen Nationalfußballspielen zur Entstehungsgeschichte der WSC-Fanszene der jüngeren Jahrzehnte. Gleich in der ersten Ausgabe des Schwarz auf Weiß-Fanzines ist vom Besuch eines Spiels gegen die Türkei im Praterstadion zu lesen. „Wie immer war auch diesmal eine Sportclub-Abteilung im Praterstadion. Allerdings kamen wir 25 Minuten zu spät rein, da vor den offenen Kassen die Hölle los war. Bravo ÖFB!! Nach diesem Ärgernis gleich das nächste: Man darf Fahnenstoff und Hupe nicht ins Stadion nehmen – der diensthabende Polizist und die Ordner waren nicht in der Lage, uns einen plausiblen Grund für diese Maßnahme zu nennen. Bravo ÖFB!!"

Im Mai 1989 fuhr eine Gruppe von 28 WSC-Fans auswärts nach Leipzig, um einem Spiel der österreichischen Nationalmannschaft gegen die damals gerade noch existente DDR beizuwohnen. Das SaW wusste zu berichten: „Nach einem ersten Bier im ‚Restaurant' am Südbahnhof ging die feuchtfröhliche Fahrt um etwa 21 Uhr los. Die Stimmung im mit Schals und Fahnen geschmückten Bus war großartig. Nach langen Wartezeiten an den Grenzen zur ČSSR bzw. DDR, Rauch- und Pinkelpausen, einer Fast-Geisterfahrt auf einer tschechischen Autobahn, Fußball-Spielen am DDR-Grenzpfosten, langwierigen Routensuchen, unzähligen Schlachtgesängen, Umdrehen an einem, nur für Ostblock-internen Grenzverkehr geöffneten, Grenzübergang, Probleme mit dem Rauchverbot an DDR-Tankstellen (Franz!), wenig Schlaf und etlichen Dosen Bier erreichten wir am späten Vormittag Leipzig."

Vor dem Spiel machten die Schwarz-Weißen Bekanntschaft mit der Lokalbevölkerung: „Erstaunlich war, daß in der City und auch im Stadion unzählige Leute aus der DDR auf einen Österreich-Sieg hofften und sogar in rot-weiß-roter Ausrüstung bei uns standen."

Kein Fanzine-Bericht kommt ohne Kritik am Fußball-Establishment aus: „Etwa 2000 österreichische Fans (!!!) machten wirklich tolle Stimmung und waren sicher eine große Unterstützung für unser Team. Unsere Spieler aber, diese arroganten Bastarde, waren nicht bereit, sich bei den treuesten Anhängern für die Unterstützung zu bedanken. Ohne die mit dem Flugzeug, Bahn, Bus und Privat-PKW angereisten Fans auch nur eines Blickes zu würdigen, marschierten die Österreicher zielstrebig Richtung Kabine. Ist es unseren Teamspielern egal oder vielleicht sogar unangenehm, so viele Schlachtenbummler in Rot-Weiß-Rot bei Auswärtsfahrten zu sehen?? Oder sind sich die ‚Größen' des heimischen Fußballs zu gut, dem ‚Pöbel' auf der Tribüne zuzuwinken …??"

Kritik wurde damals aber auch schon am Fanverhalten geübt. In einem Bericht über ein Spiel gegen die DDR im Praterstadion heißt es: „Die Touristen aus der DDR, die ihren ersten Ausflug in die sogenannte Freiheit mit dem Besuch dieser Sportveranstaltung verbanden, mußten sich Sprechchöre wie ‚Wir wollen keine – deutschen Schweine' (!!!) anhören. Diese rechtsradikalen Tendenzen sind bei vielen Fußballfans zu beobachten und haben zur Folge, daß faschistoide Gruppierungen immer wieder Anhänger unter jugendlichen Stehplatzbesuchern finden (unbestätigten Gerüchten zufolge, sollen sich diese hauptsächlich im Hanappi- und Horr-Stadion aufhalten). Wie auch immer, Tatsache ist, daß auch beim DDR-Match ‚Sieg-Heil-Rufe' zu hören waren."

Trotz aller Entfremdung von Teilen der Österreich-Fans wurde über Schwarz auf Weiß zur WM nach Italien mobilisiert: „Natürlich wollen wir live dabei sein, wenn uns ‚Gold'-Toni zum Weltmeister-Titel schießt und deshalb machen wir uns am 14.6.90 auf den Weg. Wir haben noch keine Karten, geschweige denn ein Quartier, aber was soll's. Abenteuerlustige sind herzlich willkommen. Meldet euch bei uns!!!"

In den frühen 1990er Jahren hat auch die bis heute fortgeführte Groundhopping-Tradition unter den WSC-Fans ihren Ursprung. Vor allem englische und schottische Vereine weckten das Interesse von Teilen des schwarz-weißen Anhangs. Die Reiseerfahrungen von damals dürften sicherlich ihren Weg in die bis heute gepflegten Support-Traditionen beim WSC gefunden haben.

In der fünften Ausgabe von Schwarz auf Weiß findet sich ein Bericht über eine Reise zum schottischen Cupfinale im Jahr 1990 in Glasgow. Über ein Bier kommt der Autor in einem Pub ins Gespräch mit örtlichen Fußballfans: „Nachdem wir eine Kleinigkeit verschlungen haben, bestellen wir uns ein Pint of Lager und setzen uns. Einige Celtic-Anhänger kommen zu uns und quatschen über dies und das. Als die dann mitbekommen, daß ich aus Wien angereist bin, um das Finale zu sehen, bin ich das Thema des Tages. Wir sind dann noch auf ein weiteres Pint eingeladen und nach einigen Bemerkungen über Schafzucht in Aberdeen und Österreich (Aberdeen-Supporters sind in Schottland als „sheep-shagging bastards" bekannt – die Red.) wird das Finale, die Teams, die Anhänger usw. besprochen. Bei der Verabschiedung dann gegenseitige Glückwünsche, alles Gute, hope to see you again … Was man sonst über britische Fußballanhänger liest und hört, kann man wirklich nicht glauben!"

Begeistert zeigt sich der Autor über die Atmosphäre während des Spiels: „Die Stimmung ist unbeschreiblich, gigantisch.“ Es kommt zum Elfmeterschießen, welches Aberdeen gerade so für sich entscheiden kann. „Was sich in den nächsten Minuten abspielt, kann man in Worten nicht wiedergeben. Auf jeden Fall war es ein tolles Feeling, in diesen Moment unter so vielen begeisterten Menschen zu sein, ‚abgebusselt‘ zu werden, umarmt von vielen … Bei der Cupübergabe die nächste Welle der Freude …“

Auch bei der Heimreise am Flughafen gibt es neue Eindrücke: „Im Flughafenpub treffe ich einen irischen Manchester United-Anhänger, der beim englischen Cupfinale war. Ein Österreicher und ein Ire unterhalten sich in London über das englische und schottische Cupfinale – verrückt. Zum Schluß muß es dann doch sein – ich besteige das Flugzeug, welches mich dummerweise wieder zurück nach Wien bringt.“

Wie gesagt, ist die Groundhopping-Tradition beim WSC so lebendig wie eh und je. Dafür lieferte nicht zuletzt die Stadionzeitung Alszeilen vom 20. April 2018 einen denkwürdigen Beweis. Die Wartezeit auf den Anpfiff der Partie gegen Traiskirchen konnte sich der geneigte Leser mit der Lektüre des darin abgedruckten „Groundhopper-Guide Through Nordkorea“ verkürzen. Natürlich ging es dabei (auch) um Fußball, zur Abwechslung mal wieder ein Länderspiel: „Dienstag war für uns der wichtigste Tag: Am Vormittag besuchten wir noch das Kriegsmuseum, aber am Nachmittag fand endlich der eigentliche Grund für unsere Nordkoreareise statt: Das Länderspiel zwischen Nordkorea und Hongkong. Wir bekamen dafür VIP-Tickets und waren mit ungefähr 40 weiteren Ausländern auf der Tribüne untergebracht. (…) Das Stadion war fast ausverkauft, viele mussten aber wohl das Spiel besuchen und für Stimmung und optische Untermalung sorgen. Bier gab es auch zu kaufen, allerdings in Gebinden, die etwa eineinhalb Liter fassten. Ein Missverständnis mit Herrn O bescherte mir beinahe 16 Krügerln, die ich im Laufe des Spiels mit den um mich herum sitzenden Fußballfans teilte. Das Match endete 2:0. Somit qualifizierte sich Nordkorea für den AFC Cup 2019.“

Das Heimspiel gegen Traiskirchen wurde übrigens zu einer der nervenaufreibenderen Partien der jüngeren Vergangenheit. Zweimal ging der WSC in Führung, zweimal gab er sie wieder her. Bis zum Schluss stürmte eine entfesselt spielende schwarz-weiße Mannschaft das gegnerische Tor, unterstützt von einer ebenfalls entfesselt supportenden Friedhofstribüne. Mit 1.465 Zuschauer*innen wurde der bis dahin höchste Schnitt des Jahres erzielt. Nordkoreanische Verhältnisse streben wir aber nicht an.

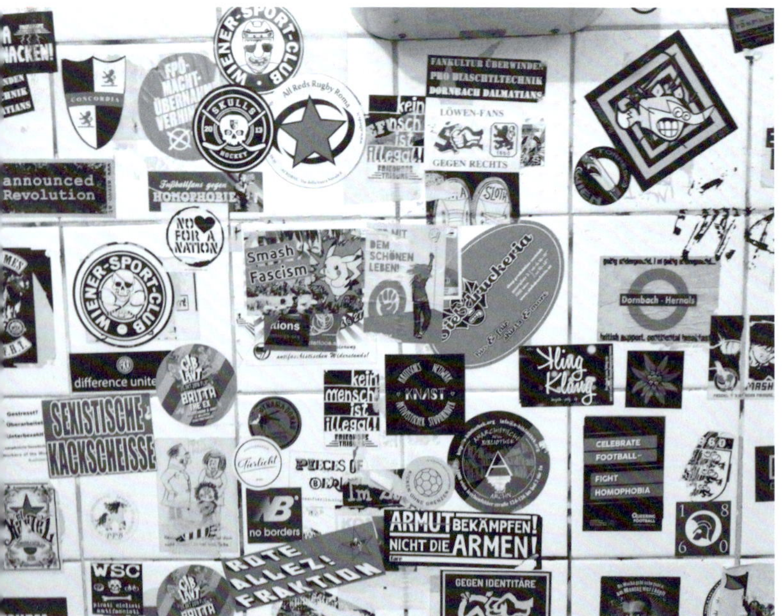


Alle Farben sind schön. Auch auf der Toilette im *Flag*.

Im Lokal *Avalon* im 8. Gemeindebezirk hing lange Zeit in einem Nebenzimmer ein Schwarz-Weiß-Foto. Es zeigte einen von Fans bevölkerten Auswärtssektor im Stadion Hohe Warte. Davor steht breitbeinig, mit dem Rücken zur Kamera, so ein Typ im Schottenrock. Denselben hebt er in Richtung Publikum hoch, um somit die edelsten Körperteile formschön präsentieren zu können. Es ist nicht bekannt, ob dadurch irgendwelche Kinder traumatisiert wurden. An deren Schicksal hat man damals im Fußball noch nicht so oft gedacht wie heute.

Dieser Mann heißt Wolfgang Raml und er ist der derzeitige Präsident des Wiener Sport-Clubs. 2008 gründete er die Schwimmsektion und ist deren Sektionsleiter. Viele Jahre lang war er Obmann der FHT. Er steht stellvertretend für den jahrelangen Kampf um eine Zusammenführung und einen Neustart für den gespaltenen Dornbacher Sportverein. Raml gehört zu jenen Menschen, die immer noch zum Sport-Club gehen, sich aber auch noch an den Ursprung der heute bestehenden Fankultur erinnern können. „Der Anfang war so eine Freundespartie, die sich immer im *Chelsea* am Gürtel getroffen und dort alternative Musik gehört hat. Viele haben sich in der Hernalser Schule Geblergasse kennengelernt. Durch Freikartenaktionen des Vereins sind viele erstmals ins Stadion gekommen. Irgendwann war die kritische Masse erreicht."

Diese kritische Masse fuhr nicht nur zu den Spielen des WSC: „Bei der WM 1990 in Italien sind viele zu einem Campingplatz dort heruntergefahren und haben sich die Schottlandspiele angeschaut. Da wurde viel mitgenommen für die heutige Stimmung. Es sind auch einige zu Spielen der Queens Park Rangers nach London gefahren. Dann kam die Zeit des BAFF-Aktivismus. Viele der aktiven Fans beim WSC haben sich im Bündnis aktiver Fußballfans eingebracht. Dadurch sind Kontakte und Freundschaften entstanden. Nationalteams waren dann wieder out.

Man fuhr stattdessen zur antirassistischen Fußball-WM nach Italien. Diese Mondiali Antirazzisti finden heute immer noch statt. Es entstanden Freundschaften und Bekanntschaften zu St. Pauli, TeBe Berlin, Roter Stern Leipzig. Die Freundschaft zu TeBe ist heute viel lebendiger als die Kontakte zu St. Pauli. TeBe passt ja auch größenmäßig viel besser zu uns.

Eines Tages wurde das Clubheim besetzt. Da war die Spielerwohnung drin und eine Platzwartwohnung. Das darf man sich aber nicht wie die Hausbesetzungen in Deutschland oder so vorstellen. Allerdings war alles ziemlich heruntergekommen. Die Räumlichkeiten waren lange nicht mehr benutzt. Mit dem Abstieg in die Wiener Liga ist dort alles völlig versandelt. Dann sind die Fans eingezogen und haben das heutige Flag daraus gemacht. Dafür wurde viel gearbeitet. Mauern wurden herausgerissen. Die FHT wurde als Verein gegründet um alles zu legalisieren."

Wolfgang Raml hat seine Wurzeln in der FHT, deren Obmann er mehrere Jahre lang war. Es folgte eine sportliche Karriere innerhalb des WSC. Als Schwimmer holte er bei den World-Masters-Games 2017 in Neuseeland zweimal Bronze. Von 1998 bis 2000 spielte er für die Reserve des WSC in der Wiener Liga. Die Mannschaft wurde damals von der FHT gestellt, um eine empfindliche Geldstrafe für den WSC zu vermeiden. Auch Wasserball spielte er eine Zeitlang.

Der Fußball ist dabei für ihn in den Hintergrund gerückt. Abstiege, Beinahekatastrophen und, vorsichtig ausgedrückt, zwielichtige Vereinspräsidenten der Vergangenheit waren dafür mitverantwortlich. Heute ist Raml Präsident des wiedervereinigten WSC. Fragt man ihn nach seiner obersten Priorität, kommt die Antwort: „Den Verein schuldenfrei halten. Der Fußball darf hier nie wieder einen Konkurs verursachen. Dafür haben wir auch einen Aufsichtsrat geschaffen. Die verschiedenen Sektionen des WSC geben zu Ende des Jahres ihr Budget ab. Das Präsidium muss mit dem daraus folgenden Gesamtbudget zum Aufsichtsrat. Es wird nicht mehr gehen, dass die Fußballer ein Budget mit Loch abgeben."

Wichtig ist Raml die Zusammenarbeit mit der Vienna Smart Contracting (VSC), einer zur Vienna Gruppe gehörenden Sportkommunikationsagentur, die sich im Zuge der Rückführung in den Verein eingebracht hat. „Die Vienna Group gibt für die Dauer des Vertrages eine Budgetgarantie. Deren Budget muss ausgeglichen sein, der Verein darf nicht belastet werden. Natürlich erwarten die sich dadurch auch eine gewisse Reputation."

Und welche Auswirkungen hat dieses Arrangement für den WSC? „Zum ersten Mal seit zwanzig Jahren treten wir in eine stabile Phase ein, in der es um anderes geht als das reine Überleben. Ich hoffe, dass sich das hält und auch in zehn bis fünfzehn Jahren noch so ist. In das Fußballerische mische ich mich als Präsident aber nicht ein. Ich schaue nur, dass alles gedeckelt ist und funktioniert, wie es soll. Früher sind ja teilweise selbst die Sozialversicherungsbeiträge der Angestellten nicht gezahlt worden. Heute würde man das hoffentlich merken."

Wolfgang Ramls große Leidenschaft ist der Amateursport beim WSC. „Wir haben im Amateursport über 200 aktive Sportler. Der Wasserballsport ist sehr erfolgreich, wir sind dort seit zwei Jahren in der Bundesliga. Der von uns ausgerichtete Wettbewerb ‚King of the Kongi' ist das größte Wasserballturnier in Österreich. Mein Wunsch für die Zukunft ist, dass wenn ein Kind in Hernals Interesse am Sport hat, es zuerst beim WSC vorbeischaut. Wir wollen, dass es da einen Stolz gibt. In diesem Sinne freut es mich auch, dass die FHT die anderen Sektionen im WSC fördert. Ich finde es schön, dass dieses Bekenntnis da ist."

Eigentlich ist die Ostliga recht beschaulich. Sie hat beliebte Ausflugsziele zu bieten. Man besucht Orte, die man sonst vielleicht nie sehen würde. Erwähnenswert ist zum Beispiel Neusiedl am See. Die vom dortigen Verein organisierte Benefizparty zugunsten von Flüchtlingen ist mir noch in guter Erinnerung.

Oder Traiskirchen. Der Bürgermeister scheint ein heimlicher WSC-Fan zu sein, zumindest schaut er sich immer die Spiele an, wenn der Sport-Club dort gastiert. Beim Heimspiel des WSC gegen Traiskirchen in der Frühjahrsrunde 2018 unterstützte er den Aktionstag gegen Homophobie im Fußball und machte deshalb den Ehrenankick.

Ansonsten bietet Traiskirchen alles, was das flache Land so hat. Im Stadion hängen Transparente, die für die Webseite stadionsprecher.at werben. Der Stadionsprecher Traiskirchens wird von denen gestellt und ist eine echte Stimmungskanone. Als bei den vergangenen Bundespräsidentenwahlen die rechtsradikale FPÖ auf den zweiten Platz kam, sagte er die Wahlergebnisse mit einem nicht zu toppenden Enthusiasmus durch. Die anwesenden Auswärtsfans der Friedhofstribüne reagierten zunächst mit Entgeisterung und quittierten es dann mit antifaschistischen Parolen.

Zum ländlichen Traditionsfußball gehört auch die Spendensammlung durch die Mitglieder der Nachwuchsmannschaft. In der Halbzeitpause kamen drei Jungs auf die versammelten Sportclub-Fans zu, hinter ihnen ihr Nachwuchsleiter. „So Kinder, jetzt sagts amoi auf, was ihr gelernt habt.“ Das taten sie denn auch im Chor. Mehrfach. „Eine kleine Spende für den Nachwuchs, bitte.“ Messdiener im Gottesdienst hätten es auch nicht anders gemacht. Traiskirchen ist für mich seitdem nur mehr „Eine kleine Spende für den Nachwuchs, bitte“.

Natürlich haben alle gespendet. Naja, fast alle. „Eine kleine Spende für den Nachwuchs, bitte“ ist letztendlich für viele Vereine die einzige Möglichkeit, sich am Leben zu erhalten. Auch der WSC betreibt „eine kleine Spende für den Nachwuchs, bitte“ als Einnahmequelle. Regelmäßig touren die Kids der diversen Nachwuchsteams durch die Friedhofstribüne, um Einnahmen zu lukrieren. Irgendwie muss der Spielbetrieb ja finanziert werden, da hilft jeder Cent.

Bei einem anderen Besuch in Traiskirchen stimmten die WSC-Fans zur Musik von *Bella Ciao* den Gesang „Oh Partisanen, der dritten Liga …“ an, gefolgt von *Bandiera Rossa* mit der Liedzeile „Viva Wiener Sport-Club et la Ostliga“. Eine kleine Gruppe italienischer Groundhopper stand daneben und nickte beifällig. Das ist der Fußballtourismus in der Ostliga.

„Eine kleine Spende für den Nachwuchs, bitte“ ist dabei allemal sympathischer, als das, was von den Amateurmannschaften der Wiener Großvereine so abgeliefert wird. Die Besuche bei der Austria und Rapid sind aus mehreren Gründen zum Abgewöhnen. Statt „eine kleine Spende für den Nachwuchs, bitte“ gab es bei der Austria in der 2016 abgerissenen und 2018 neu eröffneten Generali Arena den „Viola Countdown“. Das war ein Großbildschirm, auf dem, durch schlechtestmögliche Technomusik untermalt, die Minuten und Sekunden bis zum Anpfiff runtergezählt wurden. Und der Stadionsprecher grölte auch immer dazwischen. Schoss später ein Austria-Spieler ein Tor, gab es Stimmungsmusik für die (nicht anwesenden) Massen. Ob auch das neue Stadion einen Viola Countdown hat, weiß ich nicht. Seit der Neueröffnung hat der WSC dort kein Spiel mehr absolvieren müssen. Torjubelmusik ist jedenfalls eine von der englischen Premier League eingeschleppte Unart, die verboten gehört.

Diese betont auf Familienfreundlichkeit getrimmte Showeinlage wird umso schräger, wenn man weiß, dass es sich bei der Austria Wien um den Verein mit dem größten Naziproblem in der Stadt handelt. Vielleicht abgesehen von dem Stadtligaverein Hellas Kagran, wo Nazis nicht nur die Fans, sondern gleichzeitig auch die Vereinsführung stellen.

Verboten gehört auch die als „Rapid-Mari€“ bezeichnete moderne Wegelagerei im neuen Allianz-Stadion von Rapid. Die Rapid-Mari€ ist eine Geldkarte, die man vor Ort aufladen muss. Nur mit dieser Geldkarte darf im Stadion konsumiert werden. Zahlen mit dem eigenen Bargeld ist unmöglich. Selbst beim Spiel gegen die Amateure stehen überall von Rapid beauftragte Animateure herum, die einem mehr oder weniger aggressiv den Kauf einer Rapid-Mari€ nahelegen.

Handelt es sich bei Torjubelmusik um eine aus England eingeschleppte Unsitte, so kannte ich die Verwandten der Rapid-Mari€ bislang nur aus Deutschland. Auf Schalke gibt es zum Beispiel den „Knappen“. Viele deutsche Fußballfans wittern hinter solchen Produkten nur eine weitere unlautere Methode ihrer jeweiligen Vereinsführung, den Fans das Geld aus der Tasche zu ziehen. Mancherorts werden die Dinger deshalb boykottiert. In Österreich sollte man das ebenfalls so handhaben. Der bislang einzige Besuch des WSC (damals noch WSK) im neuen Allianz-Stadion war demnach bis jetzt auch mein einziger Stadionbesuch, bei dem ich überhaupt nichts konsumiert habe.

Dabei können Besuche bei Rapid durchaus unterhaltsam sein und tragen das Ihre zum Regionalliga-Erlebnis bei. Einmal brannten die anwesenden Rapidler*innen mit Pyrotechnik aus Versehen eine ihrer eigenen Werbetafeln im Stadion nieder. Das war noch im alten Hanappi-Stadion. Wenn auf dem Platz schon nichts los ist, kann man sich auch auf diese Weise amüsieren.

Amüsant war jener erste und einzige Besuch in der Allianz-Arena allemal: Der WSK gewann das Spiel und bescherte Rapid eine der ersten Niederlagen im neuen Haus. Das 0:2 am 28. Oktober 2016 war das Auftaktspiel der Rapid-Amateure im Allianz-Stadion. Manchmal bringt man zur Einweihungsparty im neuen Domizil eben ein Gastgeschenk mit! Rapid hätte wohl gerne darauf verzichtet. Jedenfalls finden die Spiele der Amateure seitdem nicht mehr im Stadion selbst, sondern auf der grünen Wiese nebenan statt. Schade eigentlich. Das neue Stadion hat schon eine schöne Akustik, die dem schwarz-weißen Auswärtsanhang an jenem Tag großen Spaß bereitet hat. Die Stimmung auf der Trainingswiese hingegen steht eher für Tristesse.

Dabei ist Rapid immerhin ein Mitgliederverein. Anderen Clubs in der Regionalliga Ost kann man das nicht nachsagen – dafür aber Größenwahnsinn. So klopfte in der Saison 2017/18 mit dem FC Karabakh ein von anonymen aserbaidschanischen Millionären finanzierter Club an die Tore der österreichischen 2. Bundesliga (die hierzulande als 1. Liga bezeichnet wird, nur um alles noch komplizierter zu machen).

Der FC Karabakh war eine Fusion aus den Vereinen WAT Ottakring und dem SC Kaiserebersdorf-Srbija 08 mit großen Plänen. So wurde an der Errichtung eines neuen Stadions für tausende Besucherinnen und Besucher in Simmering gearbeitet. Daraus ist letztendlich nichts geworden. Anrainer*innen hatten Bedenken und der Großsponsor schließlich keine Lust mehr.

Zwar hatte Karabakh kaum Fans, die Spieler brachten aber durchaus Champions League-taugliche Star-Allüren mit zu ihrem Auswärtsmatch an den Sportclub-Platz. Das Spiel am 1. Mai 2018 verlor der WSC zwar mit 4:2, konnte den Karabakher Superkader aber durchaus ärgern und zeitweise frustrieren. So kam es, dass der Besuch aus Simmering sofort nach Abpfiff kommentarlos vom Platz schlich, ohne sich auch nur einmal kurz zum eigenen Anhang (und ein paar werden es ja doch gewesen sein) umzudrehen. Normalerweise pflegt eine siegreiche Mannschaft zu Spielende gemeinsam mit den angereisten Fans am Spielfeldrand zu feiern. Das ist auch in der Regionalliga Ost nicht anders.

Die Friedhofstribüne verabschiedete ihre Mannschaft wie immer standhaft mit Applaus. Und das, obwohl der WSC zu diesem Zeitpunkt auf dem vorletzten Tabellenplatz stand. Es gehört hier zum guten Ton, auch einer katastrophalen Niederlage mit Würde zu begegnen. Die eigenen Leute werden nicht ausgepfiffen. Niemals.

Jedenfalls ist Karabakh 2017/18 der Direktaufstieg in die 1. Österreichische Liga (also die zweite Spielklasse) misslungen. Und siehe, da hatten die Investoren plötzlich keine Lust mehr. Auch das Versprechen, in Simmering ein neues Stadion zu bauen, wurde nicht eingelöst. Für Karabakh bedeutete dies aber nicht das Ende. Vielmehr übernahm nun der Sponsor des im Wiener Bezirks Floridsdorf beheimateten Vereins Mauerwerk Sport Admira, der bislang eine Division unterhalb der Regionalliga Ost in der Wiener Stadtliga seine Runden drehte. Unter dem neuen Namen FC Mauerwerk konnte man, schwuppdiwupp, den Platz von Karabakh in der Regionalliga einnehmen.

Gleichzeitig blieb der „alte" Verein Mauerwerk Sport in der Stadtliga als Zweitverein desselben Eigentümers bestehen und soll nun als Nachwuchskaderschmiede herhalten. Mal schauen, wie lange diese Konstruktion bestehen bleibt. Jedenfalls ist das Schicksal von Karabakh ein mahnendes Beispiel dafür, dass man sogenannten Großsponsoren einfach nicht vertrauen kann. Es mag sein, dass ich mich hier wiederhole, es kann aber nicht oft genug gesagt werden. Eine Chance auf langfristige Stabilität gibt es nur über demokratische Mitgliederstrukturen.

Ein anderer Ostliga-Spitzenverein ist Horn, einst ein kleiner Lokalverein. Heute haben sich ehemalige Profifußballer aus Japan dort eingekauft und die wesentlichen Posten der Vereinsführung übernommen. Die Familie Honda tritt als Großsponsor auf. Hier gilt ein ähnlicher Fahrplan wie bei Karabakh: Mit viel Geld möglichst schnell an die Spitze. Man sprach sogar von der Champions League! Daraus wurde bislang nichts. Horn beendete jedoch die Regionalligasaison 2017/18 als Meister und stieg in die zweite Spielklasse auf. Während der Fußballweltmeisterschaft 2018 wurde Horn dann kurzfristig berühmt, weil ein Mitglied der Hondas im japanischen Kader auflief.

Schon länger nicht mehr in der Regionalliga Ost, sondern eher in höheren Sphären unterwegs, ist der Floridsdorfer AC. Er soll hier ehrenhalber erwähnt werden. Floridsdorf ist Wiens 21. Bezirk und außerdem die Heimat des ehemaligen Wiener Wohnbaustadtrats Michael Ludwig, der inzwischen zum Bürgermeister mutiert ist. Der FAC wird von Ludwig und der restlichen SPÖ-Nomenklatura der Stadt mit reichlich Spenden bedacht. Die Werbeflächen sind mit Botschaften diverser stadtnaher Betriebe bestückt, die Plastikbecher zum Trinken sind vom Österreichischen Gewerkschaftsbund ÖGB gesponsort. Während viele Regionalligavereine an einen Aufstieg in die Bundesliga aufgrund der horrenden Kosten nicht mal denken können, hat man dieses Problem beim FAC nicht, dank Mutter SPÖ. Dafür sind aber alle Spieler des Vereins zwangsverpflichtet, beim 1. Mai-Aufmarsch der Wiener SPÖ teilzunehmen. Ob sie dafür eine finanzielle Aufwandsentschädigung kriegen, wie dies etwa bei den ebenfalls zur Teilnahme verdonnerten Feuerwehrleuten der Fall ist, weiß ich nicht. Dennoch ist auch der FAC ein Beispiel dafür, dass finanzielle Zuwendungen alleine keine Wunder bewirken. Trotz aller Hilfe hat sich der Verein in der ersten Liga in den letzten Jahren schwer getan.

Es gibt auch beim WSC Stimmen, die hier den Ausweg aus allen Problemen und Krisen des Vereins vermuten. „Wenn wir nur einen Großsponsor hätten, dann …“ kann man bisweilen als abendlichen Stoßseufzer vernehmen. Die Hoffnung, dank eines spendablen Geldgebers wieder ganz oben im österreichischen Fußball mitzuspielen, will einfach nicht untergehen.

Mir fällt dabei immer der englische Club Manchester City ein. Viele Jahrzehnte konnte dieser Club nichts gewinnen. Diese Erfolglosigkeit versuchte man mit einem Gefühl moralischer Überlegenheit gegenüber dem großen Nachbarn und Stadtrivalen Manchester United zu kompensieren. Bis zum Anfang der 2000er Jahre hatte City mit der Main Road ein echtes Stadtteilstadion in der Moss Side von Manchester. City-Fans behaupteten von sich, der eigentliche Stadtverein mit Wurzeln in der Community zu sein.

Inzwischen hat ein Ölscheich aus den Vereinigten Arabischen Emiraten bei City das Sagen. Der Club spielt nicht mehr in Main Road, sondern in einem Super-Luxusstadion am Stadtrand. Dieselben Fans, die in den 1990er Jahren ihren Verein noch als working class heroes gegen die Bonzen von Manchester United stilisierten, entblöden sich heute nicht, sich als Ölscheichs zu verkleiden und Huldigungsgesänge auf den Eigentümer und nahöstlichen Diktator abzusondern.

Aus der Perspektive der österreichischen Ostliga betrachtet, ist die Premier League mehr als eine Galaxie entfernt. Und doch steckt in vielen Ostliga-Vereinen ein kleines bisschen Manchester City. Das gilt auch für die Wiener Großklubs: Wieviel seiner Seele ist man bereit, für scheinbaren oder tatsächlichen Erfolg zu verkaufen?

Beim WSC hat kaum ein Großsponsor jemals etwas Gutes und Nachhaltiges vollbracht. Sie konnten nichts, außer Schulden aufhäufen, die man dann über Jahrzehnte nicht losgeworden ist und die bis heute das Vereinsklima belasten. Die Ressource des WSC ist das ehrenamtliche Engagement seiner Fans, leider wird sie viel zu wenig und wenn, dann auf eher chaotische Weise genutzt.

Wusste Stadionsprecher Roland Spöttling, was er tat, als er am Freitag, den 11. Mai 2018 auf das Jubiläum des vom WSC im Jahr 1958 errungenen österreichischen Meistertitels hinwies? Die Sterne standen für den Verein an jenem Tag mal wieder schlecht. Wie eigentlich immer, will man fast sagen. Der auf dem vorletzten Tabellenplatz liegende WSC hieß den SV Honda, will sagen Horn, auf dem heimischen Platz willkommen.

Fußball erzählt immer Geschichten mit offenem Ausgang. Das Drehbuch wird jedes Mal neu geschrieben. Beteiligt sind die Spieler am Platz, das Betreuungspersonal, manchmal (und meistens eher unrühmlich) Polizei und Sicherheitsdienste und eben auch die Fans. Manche dieser Geschichten brennen sich ins kollektive Bewusstsein ein, so auch der Gewinn der beiden Meistertitel des WSC von 1958 und 1959.

Eingebrannt hat sich auch der 7:0-Erfolg gegen Juventus Turin vom 1. Oktober 1958 vor einer Kulisse von 33.000 Zuschauer*innen im Praterstadion. Es sind heute nicht mehr viele am Sportclub-Platz, die bei diesen Ereignissen dabei waren.

In den letzten Jahren war der Besuch der Spiele der Männermannschaft eher von Frustration geprägt. In den Jahren 2016 und

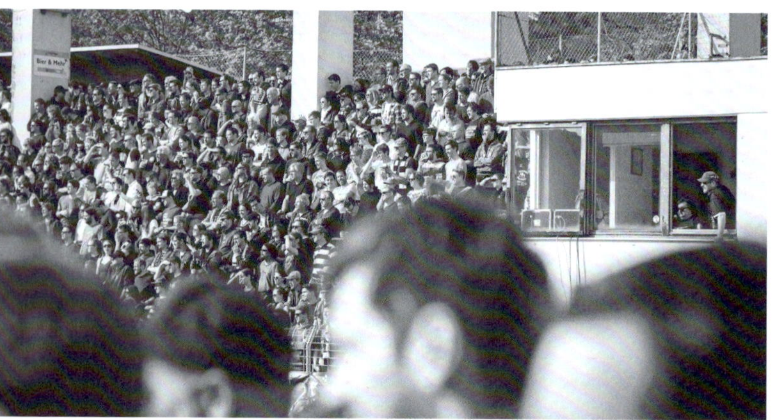

Blick auf die FHT, rechts die Kabine des Stadionsprechers und seines Assistenten. Man sieht beide im Fenster. Der Stadionsprecher ist blind, also berichtet sein Assistent ihm das Spielgeschehen vom Fenster aus.

2017 stand eine Mannschaft auf dem Platz, die sich wirklich schwertat. Eigentlich ging immer schief, was schiefgehen konnte. Doch selbst diese Jahre hatten Höhepunkte. Die vorerst letzten beiden Heimderbys gegen die Vienna 2017 zählen sicher dazu. Mit Müh und Not konnten ein Sieg und später ein Unentschieden eingefahren werden. Für schwarz-weiße Fans waren beide Spiele nur mit großen Bauchschmerzen aushaltbar, und doch sind sie mir noch in lebhafter und guter Erinnerung. Da waren die Solidaritätstransparente für Vereine wie Roter Stern Leipzig und ja, auch die Vienna, die aufgrund undurchsichtiger Grundstücksspekulationen um ihre Spielstätten fürchten mussten. Da war das Chaos, weil die verschiedenen Spruchbänder durcheinanderkamen, gefolgt von einem „Sportclub-Fans sind die dümmsten auf der Welt"-Gesang. Da war die „Besetzung" der FHT schon eine Stunde von Spielstart, um die Stehplätze für die Fans zu sichern und eine dem Anlass angemessene Atmosphäre zu sichern. Da war der Torjubel! Fans, die auf den Zaun der Tribüne kletterten! Ein Gefühl, jetzt und hier zur richtigen Zeit am richtigen Ort zu sein.

Am 11. Mai, als unser blinder und immer genialer (also sagen wir, fast immer) Stadionsprecher also den Titelgewinn von 1958 in Erinnerung rief, dachte wohl kaum jemand an einen Sieg. Diese Skepsis spiegelte sich auch in unserer Stadionzeitung Alszeilen wider. In seiner Kolumne schrieb Zed Eisler am Schluss einer vernichtenden Bestandsaufnahme der zurückliegenden Saison: „Kommen wir noch kurz zum heutigen Match. Titelanwärter Horn kommt heute an die Alszeile. Alles andere als eine Niederlage wäre eine Sensation. So realistisch muss man sein. Schauen wir einfach, dass wir bis Ende der Saison vor Schwechat (dem zu diesem Zeitpunkt Letztplatzierten in der Liga) bleiben, denn das ist derzeit alles, was zählt."

Bis zur 37. Minute sah es auch so aus. Mit zwei Toren ging Horn in Führung. Doch kurz vor der Halbzeitpause schoss Darijo Pecirep das 1:2. In der 48. Minute setzte er noch eins drauf: 2:2. Knapp zwanzig Minuten später dann tatsächlich die Sensation. Miroslav Beljan schießt das 3:2 für den WSC! Die Horner Mannschaft gab nun alles, um das aus ihrer Sicht drohende Desaster abzuwenden. In der 86. Minute stand es 3:3. Im Magen machte sich ein altbekanntes Gefühl breit: das Gefühl, kurz auf einen Sieg gehofft zu haben, ein Unentschieden unter diesen Bedingungen als Niederlage zu sehen und dennoch eine echte Niederlage kurz vor Spielende befürchten zu müssen. Die Nachspielzeit war schon in vollem Gange, da erkämpfte sich der WSC tief in der eigenen Hälfte noch einmal den Ball. Man sah den Spielern die Müdigkeit bereits an, die Belastungsgrenze war längst überschritten. Und doch stürmte der WSC plötzlich vor das gegnerische Tor. Es war einmal mehr Darijo Pecirep, der in der 94. Minute, nur Sekunden vor dem Abpfiff, das 4:3 für den WSC schoss.

Der anschließende Torjubel hatte eine Lautstärke, die ich auf der FHT so schon seit Jahren nicht mehr vernommen habe und die ich vielleicht für Jahre nicht mehr in dieser Form vernehmen werde. Doch genau wegen solcher Spiele geht man ins Stadion!

Tatsächlich hätte man diesen Sensationssieg kommen sehen können. Er war in den vorhergehenden Spielen bereits angelegt: gegen Karabakh, wo man zwar 2:4 zu Hause verlor, die gegnerische und erfolgsverwöhnte Mannschaft aber dennoch deutlich frustriert vom Platz gehen sah, weil sie sich ein Spiel gegen das Dornbacher Kellerkind ganz anders vorgestellt hatte. Bei diesem Spiel waren die Anzeichen für ein spielerisches Erstarken des WSC in der Saison 2018/19 erstmals erkennbar. Im November 2018 ging der WSC auf dem 5. Tabellenplatz in die Winterpause. Das war für die sonst eher an die tiefen Ebenen des Donautals gewöhnten Sportclub-Fans eine fast schon schwindelerregende Höhe.

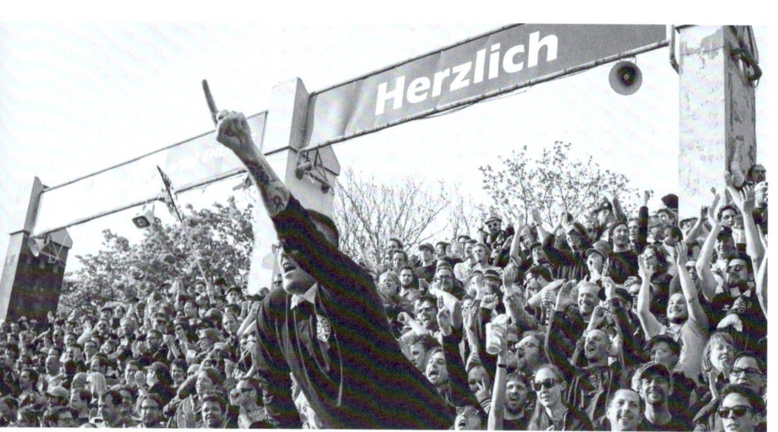


Die FHT beim Derby gegen die Vienna 2017.

Deshalb ist Fußball besser und nervenaufreibender als jede Fernsehserie, jedes Theaterstück, jeder Roman, denn da ist die Geschichte immer bereits geschrieben. Man kann sich als Zuschauer*in oder Leser*in vieles wünschen, aber ändern lässt sich nichts. Ein Fußballspiel ist hingegen wie die noch vor uns liegende Menschheitsgeschichte: Sie ist noch nicht geschrieben. Und sie wird von Menschen gemacht.

Für einen heutzutage doch relativ kleinen Verein wurde am Sportclub-Platz in vergangenen Jahrzehnten viel publiziert. Dornbach ist eine Wiege der deutschsprachigen Fußballfanzinekultur. Mit Schwarz auf Weiß, Friedhofstribüne on Tour und neuerdings dem Kleinen Gemeinen Blattl hat die Fanszene nicht weniger als drei mehr oder weniger regelmäßig erscheinende Zeitschriften hervorgebracht. Die Anhängervereinigung veröffentlicht außerdem regelmäßig Nachrichten für die Mitglieder.

Und dann sind da noch die Alszeilen, die zu jedem Heimspiel erscheinende, offizielle Stadionzeitung des WSC. Keine herkömmliche Stadionzeitung. Neben normalen Spielberichten und Informationen über das Vereinsleben gibt es eine regelmäßige Kolumne des Komödiantenduos „Gebrüder Moped“, teils kritische Kommentare, Berichte, die nicht direkt mit Sport zu tun haben, und Literaturtipps. Die Alszeilen decken einen Graubereich zwischen offizieller Vereinspublikation und Fanzine ab. Auch die konsequent in schwarz-weiß gehaltenen Fotos können sich sehen lassen.

Redaktionell betreut wird das Ganze, wie könnte es beim WSC anders sein, von einem Ehrenamtlichen. Christian Orou heißt der Mann, dem wir diese für Österreich fast schon einzigartige Publikation verdanken. (In der Ostliga ist das Format „Stadionzeitung“ sowieso unbekannt.) Aber wie schafft man das, für jedes Heimspiel, also im Durchschnitt alle zwei Wochen, ein über 20-seitiges Heftl im A4-Format zu produzieren?

Fragen wir ihn einfach selbst. Da drüben am Fenster eines Cafés in der Nähe des Westbahnhofs sitzt er und grinst uns verschmitzt an. Genehmigen wir uns einen großen Braunen und hören ihm eine Weile zu. Wie so oft im Leben war auch bei Christian Orou der Zufall im Spiel.

„Ich habe die Alszeilen vor sieben Jahren vom Pressesprecher des WSC geerbt. Nach ein paar Bier habe ich den Job leichtsinnigerweise angenommen. Als einzige Vorbedingung habe ich die neueste Version des Layout- und Satzprogramms InDesign gefordert. Dann ging es los.“

Im Laufe der Jahre hat sich eine gewisse Routine eingestellt. „Die Zeitung braucht zehn bis zwölf Stunden Arbeitszeit pro Woche. Als erstes kommen am Mittwoch die Mannschaftsaufstellungen. Da bin ich auf die anderen Vereine angewiesen. Einmal hat Rapid einfach die gesamte Kaderliste, einschließlich aller Profispieler geschickt. Die habe ich dann so abgedruckt. Da hat dann auch ein Hofmann bei den Amateuren gespielt. Der FC Simmering hat mal die Spielernamen ohne Rückennummern geschickt. Die haben gesagt: Das losen wir vor dem Spiel aus.

Sonst geht der Kontakt mit den Auswärtsteams aber gut. Nur mit Red Bull Salzburg gab es Probleme. Die haben auf meine Anfrage einfach geantwortet: Das steht alles auf der Homepage. Da habe ich denen zurückgemailt und gesagt: In der Ostliga unterstützt man sich untereinander. Wenn das bei euch nicht so Brauch ist, drucken wir halt überhaupt keine Spielerliste von euch ab. Eine halbe Stunde später war die Liste dann sowohl im Word- als auch PDF-Format bei mir. Es geht ja offenbar doch."

Die einzelnen Texte schickt Christian Orou an ein Lektorat. „Früher habe ich am Sonntag um drei Uhr morgens die gesamte Ausgabe auf einmal dorthin geschickt. Das war für mich einfacher, für das Lektorat aber schwierig. Jetzt ist es umgekehrt. Am Samstag und Sonntag mache ich das Endlayout. Da muss ich aufpassen, dass die lektorierten Texte eingebaut werden. Jede neue Ausgabe wird auf das Layout der alten aufgesetzt."

Was die nötige Genauigkeit angeht, ist der Alszeilen-Redakteur ein gebranntes Kind. „Einmal war eine halbe Saison über die Tabelle des Vorjahres in der Zeitung. Dann hat mich mal jemand angesprochen und gefragt: Hat das einen stilistischen Grund? Dem ist schon in der zweiten Runde aufgefallen, dass da was nicht stimmt. Gesagt hat er es mir viel später. Da habe ich schon gefragt: Warum sagst du mir das erst jetzt?!?"

Solche Sachen nimmt Christian Orou aber mit Humor. „Es wird ja alles ehrenamtlich gemacht. Ich bin keinem bös, wenn etwas schief geht. Bös werd ich nur, wenn man mir etwas verspricht, sich dann aber nicht mehr meldet." Ein gewisses chaotisches Element lässt sich bei der Alszeilen-Produktion auch nicht vermeiden. „Die Herstellung der Alszeilen steckt bei mir zwischen Familie und Berufsleben drin. Da frage ich mich schon manchmal, wie sich das alles ausgehen soll, vor allem wenn einmal zwei Heimspiele in der Woche sind. Aber es geht sich immer aus."

Auch bei Christian Orou gab es ein Leben vor dem WSC. Allerdings war er auch da schon ein Freund des Lokalfußballs, besuchte Spiele des transdanubischen Vereins Donaufeld. Donaufeld ist einer jener Vereine, die zwischen Stadtliga und Regionalliga Ost hin und her pendeln. Vor einigen Jahren war Donaufeld Schauplatz eines nervenaufreibenden Spiels um den Klassenerhalt. Christian Orou ist dieses Spiel gut in Erinnerung geblieben: „Wiener Liga-Vereine spielen ja immer am Sonntagvormittag. Da ist man schon zur Mittagszeit angesäuselt. Donaufeld hat das in der Regionalliga so beibehalten. Als der Sport-Club dort sein Auswärtsspiel gegen den Abstieg hatte, hat der Verein vergessen, die Spielerpässe mitzubringen und das Spiel ging zu spät los."

Auch ich erinnere mich noch daran. Es war ein schöner, sonniger Tag. Der Leo war in seinem schwarzen Glücksanzug da, um so seinen Beitrag gegen den Abstieg zu leisten. Donaufelder Nachwuchs-Ultras setzten sich mit Trommeln in Szene, die sie den Farben nach zu urteilen von Rapid ausgeliehen haben müssen. Und das Spiel ging und ging nicht los! Alle möglichen Gerüchte machten schon die Runde. Mit welchem Skandal würde der schwarz-weiße Verein, der damals noch als WSK spielte, diesmal seine Aufwartung machen? Dann die Durchsage vom Stadionsprecher: Der Sport-Klub hat die Spielerpässe vergessen. Lautes Gelächter überall. Die WSC-Fans sangen: „Asozial und kein Geld im Portemonnaie, das ist der WSC!" Über eine Stunde zu spät wurde angepfiffen.

Solche Geschehnisse prägen einen als Sport-Club Fan. Christian Orou kann da noch mehr erzählen. „Vor Kurzem ist ja schon wieder sowas passiert. Das war bei der Auswärtspartie gegen Mannsdorf. Da wurden die Schuhe der Spieler vergessen! Der Fanbus musste umdrehen und sie holen. Bei einem kleineren Verein wie dem Sport-Club kriegt man eben die ganzen Schnurren mit."

Im Gegensatz zu Spielen in höheren Ligen kennt die Regionalliga Ost eigentlich keine Segregation zwischen den verschiedenen Tribünen. Christian Orou weiß das zu schätzen: „Bei Heimspielen schauen ich und meine Freunde oft eine Halbzeit auf der FHT, dann gehen wir rüber auf die Kainzgasse. Oder umgekehrt. Das Tolle an der Kainzgasse ist, wie nah man am Spielfeld steht. Man sieht besser. Ich habe ja große Ehrfurcht vor der FHT. Es ist weihevoller Grund. Zum Fußballschauen hat sie aber nur Nachteile. Man wird nass. Wenn man singt, wird man nicht gehört. Man sieht nichts."

Umso schöner findet er es auf der Kainzgassen-Tribüne: „Die Kainzgasse ist das Pensionistenheim der FHT. Wenn dir auf der FHT alles auf die Nerven geht und du nicht mehr singen willst, gehst du dorthin. Eine bessere Bezeichnung ist Family-Area der FHT. Es sind viele Familien mit kleinen Kindern da, die dort herumturnen können. Auf der FHT geht das nicht, da purzeln die die steilen Stufen runter. Und auf der Haupttribüne nerven sie die wirklich dort sitzenden Pensionisten."

Christian Orou ist einer von jenen, die man immer auf der FHT sieht. Vielen Stadiongänger*innen dürfte sein Gesicht bekannt vorkommen. Aber wie viele wissen, dass es sich bei ihm um den Redakteur der Alszeilen handelt? Gar nicht mal so viele, vermutet er. „Mir ist klar, dass die Zeitung ein Gebrauchsgegenstand ist. Man liest sie, wenn einem fad ist, weil die Freunde noch nicht da sind. Sie ist nur für den Spieltag aktuell. Im Stadion selbst kriege ich kaum Feedback auf die Zeitung. Es wissen aber auch nur Leute, die mit mir dort stehen, dass ich der Redakteur bin."

Von einer Seite würde sich Christian Orou mehr Feedback wünschen, nämlich von der Vereinsspitze. „Die Vereinsspitze glaubt, die Zeitung hat nicht wirklich etwas mit ihr zu tun. Die denken, hier handelt es sich um eine Fanzeitung. Ich sage denen immer: Hey, das ist eure Zeitung! Ich schicke die neue Ausgabe immer als Erstes an den Präsidenten vom WSC und alle, die hier beim Fußball beteiligt sind. Bis jetzt hat sich keiner beschwert, für mich ist es aber eine Absicherung. Feedback gibt es nur ganz selten. In Sachen Alszeilen ist auch die VSC bisher nicht auf mich zugekommen. Das war bei den vorigen Präsidenten Tromayer und Huber auch nicht anders. Das liegt bei dem Verein in den Genen."

Christian Orou nimmt das aber nicht persönlich. Eher sieht er es als Teil einer größeren Problemlage im Verein. „Es gibt bei uns ja auch sehr viel Verbindlichkeit. Man braucht mehr Leute, um alles zu organisieren, weil es weniger Hauptamtliche gibt als bei den größeren Vereinen. Eine ungelöste Frage ist, wie man eine Armee von Freiwilligen organisiert. Das hat bei der Vereinsführung bis jetzt immer gefehlt. Kleine Anerkennungen sind sehr wichtig. Da muss man halt auch mal einen Getränkebon hergeben. Beim Wasserballturnier hat mich mal ein Vereinsfunktionär gefragt: Warum holen sich die Helfer alle Gratisgetränke? Na klar: Weil die ihre

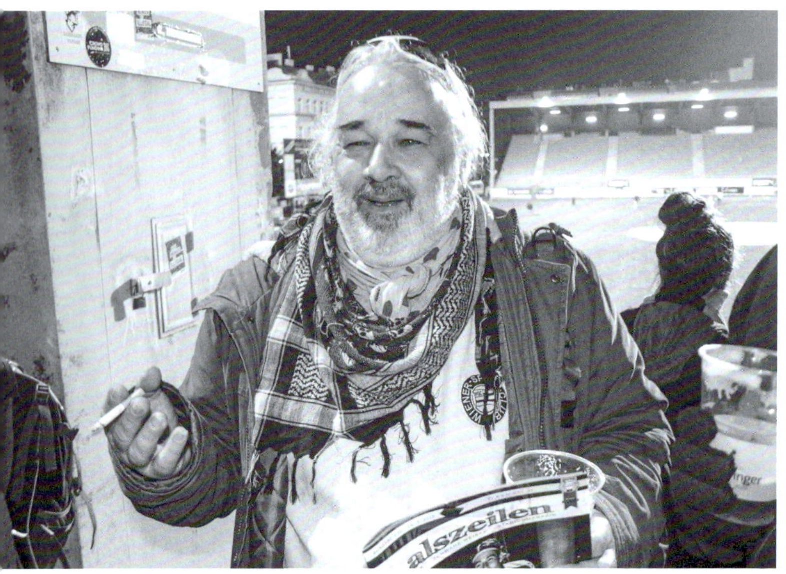


Christian Orou, der Redakteur der Alszeilen in gewohnter Pose.

Freizeit für den Verein opfern! Das muss honoriert werden. Diese Denkweise ist auch mit der Vienna Group nicht eingekehrt. Wie halte ich die ganzen Freiwilligen bei der Stange? Wie organisiere ich die? Man bräuchte einen wie Christian Hetterich für die Freiwilligenarbeit. Den müsste man anstellen. Man müsste die Person bezahlen. Aber der Verein kann derzeit gerade einmal eine halbe Bürokraft bezahlen."

Weil Christian Orou durchaus eine Person gesetzteren Alters ist, kann man ihn schon einmal fragen, wie er es mit der WSK/WSC-Thematik hält. Die Antwort mag auf den ersten Blick überraschen: „Mir war das ja eigentlich immer egal. Bis zur Trennung der beiden Vereine war es vollkommen wurscht, wie man den Verein schreibt. Das haben alle gemacht, wie sie wollten. Als mein Sohn beim WSC mit dem Wasserballspielen anfing, bin ich das erste Mal überhaupt damit konfrontiert worden. Der damalige Sektionsleiter beim Wasserball hat nur auf den Fußballern rumgehackt. Aber dass der ‚King of the Kongi' – ein vom WSC ausgerichtetes, internationales Wasserballturnier – in den Alszeilen beim Fußball beworben wird, fand er dann doch leiwand. Auch hier könnte die VSC mehr machen, indem sie zum Beispiel mehr Werbung für die anderen

Sektionen macht. Man sollte offensiv sagen: Hey, der coole WSC hat ja auch Wasserballer!"

Dass der WSC cool ist, daran hält der Zeitungsmacher von Dornbach allen Problemen und Widrigkeiten zum Trotz fest. Die Liebe zum schwarz-weißen Universum ist bei ihm in jedem Satz greifbar: „Der WSC hat dieses Wienerische ‚Früher-war-ich-ja-mehr'. Da hat sich der WSK nie darauf berufen dürfen. Er hat ja die alten Erfolge nicht führen können. Jetzt kann man wieder sagen: Früher war ich ja Bundesliga. Ich könnte ja wieder! Aber ich will nicht. Für mich hat der WSC dieses Gefühl von ‚die Hoffnung stirbt zuletzt, irgendwann gewinn ma!'

Man trifft Freunde. Man unterstützt einen etwas anderen Fußballverein. Es ist nicht so bierernst. Leute, es ist ein Spiel. Es gibt keine Homophobie, keinen Rassismus. Eine total nette Begegnungszone. Die Chance, auf Trottel zu stoßen, ist nicht so groß wie bei anderen Vereinen. Es gibt eine sehr geringe Trotteldichte. Man bewegt sich in denselben Kreisen, hat eine ähnliche Weltanschauung und ähnliche Jobs.

Der WSC steht für einen coolen Verein. Das ist der Mehrwert, den ich aus der Stadionzeitung ziehe. Leute sagen: Das ist cool, du machst die Stadionzeitung beim Sport-Club! Ich kriege CDs, freien Eintritt zu Konzerten und Anerkennung. Die Zeitung ist mein Beitrag, das Bild des Vereins in der Öffentlichkeit mitzugestalten."

Bei allem Engagement bleibt Christian Orou der organisierten Fanszene fern. „Ich bin weder bei der FHT noch beim Verein Mitglied. Das ist nicht mein Ding. Ich war lange genug bei der Gewerkschaftsjugend. Meine Zeit ist mir dafür zu schade. Es gibt Leute, die haben einen Heidenspaß bei der Sache und verbringen gerne ihre Abende auf Sitzungen. Ich nicht."

## WSC – WSK – WTF? Oder: Wir müssen über unsere Schulden reden.

„Asozial und kein Geld im Portemonnaie" – das wird immer noch ab und zu von der Friedhofstribüne gesungen. Aber warum hat der Verein kein Geld und war das immer so? Über den Ursprung jener Krisen, die dazu führten, dass schließlich der WSK aus dem WSC herausgelöst wurde, wird am Sportclub-Platz nur ungern geredet. Die einen sind erst seit etwa zehn Jahren oder auch nur wenigen Monaten beim Verein, ihnen fehlt das Wissen. Andere wollen einfach nichts sagen (Wie bei Asterix: „Welches Alesia? Ich kenne kein Alesia!"). Wieder andere sagen sehr viel, da gibt es aber bei zwei WSC-Fans plötzlich sieben Meinungen zu hören, wovon sich acht direkt widersprechen.

Eine detaillierte Aufarbeitung bietet das Geschichtsbuch *Von Dornbach in die ganze Welt.* Es sei allen ans Herz gelegt, die sich mit der Frage beschäftigen wollen, warum der Verein heute dort steht, wo er steht. An dieser Stelle sollen nur ein paar Eckpunkte angerissen werden.

1993 ist der WSC erstmals Pleite. Dem ging ein sportlicher Höhenflug in der Bundesliga voraus, der jedoch entsprechend teuer war. Die Schulden bei privaten Gläubigern sollen die Höhe eines zweistelligen Millionenbetrags überschritten haben. Die Suche nach neuen Sponsoren war schwierig. Der Erotikkonzern Beate Uhse war im Gespräch, sprang aber ab. Dem finanziellen Ruin folgte der sportliche Absturz. Der WSC spielte im Keller und die Spieler warteten über Monate auf ihr Gehalt. Die Friedhofstribüne organisierte Fanproteste gegen den Vorstand.

Ein Schlüsselmoment war das Heimspiel am 20. November 1993 gegen die Austria Salzburg. Dem Spielbericht im Schwarz auf Weiß #17 ist zu entnehmen: „Der Millionen-Deal mit Beate Uhse war diese Woche endgültig geplatzt und die Friedhofstribüne wollte nicht mehr länger zusehen. Nach langen, überraschend konstruktiven Diskussionen entschloß man sich mehrheitlich für eine Protestaktion gegen die ‚unprofessionelle Arbeit des Vorstandes'. Ausschlaggebend war das Vorgehen im Fall ‚Uhse', sowie das Versprechen der kostenlosen Freigabe an die Spieler, sollte bis 15.12.1993 kein Geld auf den Konten der Akteure sein. So blieb an diesem eisigen Samstag die Friedhofstribüne in den ersten 20 Spielminuten (fast) leer, ein Transparent forderte Stoppt den (Selbst-) Mord des WSC. In der 21. Minute bezogen die WSC-Anhänger ihre angestammten Plätze und entrollten unter dem Gepfeife von 100 Trillerpfeifen ein Transparent mit der Aufschrift Wir pfeifen auf den Vorstand. Vor dem Spiel war diese Aktion mit Flugzetteln angekündigt worden und von den Fans praktisch lückenlos mitgetragen worden."

1994 stand der nächste Großsponsor vor dem Stadiontor. Es handelte sich um die Firma Clou, ein eher zweifelhafter Konzern, der windige Finanzgeschäfte auf Basis eines Pyramidensystems durchführte. Konsumentenschutz und Arbeiterkammer warnten damals eindringlich vor den Praktiken des Konzerns und seines Inhabers Herbert Rosenauer. Rosenauer versprach viel, leistete aber wenig. Seine Firma überwies nur einen Bruchteil des vereinbarten Sponsorenbeitrags, der Vertrag wurde aufgelöst.

Der Antritt Rosenauers wurde auch im Schwarz auf Weiß #17 kommentiert. Dort äußert „Kurti" die Befürchtung, dass mit Rosenauer nun die Umwandlung des WSC in ein kapitalistisches Unternehmen anstünde. „Daß diese Schlußfolgerung nicht Ergebnis bloßer Interpretations-Schachzüge oder Hinterkopfmutmaßungen ist, manifestiert sich in aller Deutlichkeit bei einer Betrachtung der Besetzung des Präsidiums und Vorstandes des WSC. Mit Präsident Rosenauer, Geschäftsführer Draxler, Manager Petodnig, einem Vertreter einer Bauartikel-Kette, Sekretär Binder und einem Geschäftsmann aus Linz finden sich durchwegs Männer der Wirtschaft auf entscheidenden Positionen. Dies bedeutet für den WSC eine dramatische Richtungsänderung, hatte die Klubführung in den letzten Jahren doch zum Großteil aus Frauen und Männern der Anhängervereinigung bestanden, die zwar Vereinsliebe bis zur Selbstaufopferung, nicht aber Kontakte zu potenten Geldgebern besessen hatten. Durch diese fehlenden Kontakte schlitterte man mit der Zeit in eine Finanzkrise ersten Ranges, welche im November 1993 zu massiven Protesten von Seiten der Friedhofstribüne (Tribünensperre, Trillerpfeifenkonzert, Transparente) gegen den Vorstand führte.

(…) Nicht Leidenschaft oder Verbundenheit, sondern beinhart kalkulierte kommerzielle Erwägungen haben den Ausschlag für den Einstieg Herbert Rosenauers beim WSC gegeben. Außerdem sind die heutigen Geldgeber sehr mobil, heute ‚Sport', morgen ‚Kunst', heute ‚Wiener Sportclub', morgen ‚Rapid', je nachdem was den höchsten in Geld übersetzbaren Imagezuwachs verspricht."

Im selben Artikel spricht Kurti auch eine Thematik an, die beim WSC immer noch aktuell ist. Wie soll der Verein sich vermarkten? Welches Image will er nach außen transportieren und wie kann man es erreichen? Kurti schreibt: „Weiters sollte es im Interesse der neuen Führung liegen, bestehende Imagestrukturen unseres Vereines, nämlich ein kleiner, liebenswerter, immer für Überraschungen guter Verein zu sein, zu erhalten bzw. zu fördern. Gerade in einer Zeit, wo sich Fußballvereine durch die finanziellen und wirtschaftlichen Zielvorgaben von Sportsponsoring und Orientierung an Werbewirksamkeit immer ähnlicher und damit uninteressanter werden, ist es für einen kleineren Verein wie den WSC unerläßlich, Profil zu zeigen."

Wie dem auch sei. Rosenauer machte die Fliege, es folgte der Abstieg aus der Bundesliga in die Regionalliga. 1995 kaufte die Stadt Wien den Sportclub-Platz für fünf Millionen Schilling. Damit konnten die gröbsten Schulden getilgt werden. Allerdings befindet sich der Verein seitdem in Abhängigkeit von der Stadt Wien, die in den folgenden Jahren versuchte, damit Gewinn zu machen. Dazu gehören auch bislang nicht umgesetzte Ideen aus der Zeit um 2010, den Sportclub-Platz zum Teil mit Wohnungen zu verbauen – errichtet von der Wiener Regierungspartei nahestehenden Baufirmen.

Kaum waren die Schulden weg, redete man schon wieder von Glanz und Gloria. Im Vereinsvorstand gab es Streit zwischen jenen, die ein konservativeres Geschäftsmodell bevorzugten und jenen, die möglichst schnell mit teuren Spielern wieder in die Bundesliga wollten. Zu den Befürwortern einer vorsichtigen Finanzpolitik gehörte unter anderem Rudolf Köhler, das Urgestein aus der Anhängervereinigung. 1996 stieg ein iranischer Geschäftsmann als Sponsor beim Verein ein. Eine teure und, zumindest auf dem Papier, starke Mannschaft wurde eingekauft.

In *Von Dornbach in die ganze Welt* ist zu lesen: „Die neuen Spielerverpflichtungen waren nur durch ein einziges Ziel zu rechtfertigen – die Erringung des Meistertitels und die Rückkehr in die Bundesliga. Enorme Zahlungsverpflichtungen gegenüber seinen Vollprofis lieferten den Club nicht zum ersten Mal auf Gedeih und

Verderb seinem Geldgeber aus. Mit den Einnahmen aus den Kartenverkäufen, die Anzahl der Zuschauer betrug bei Meisterschaftsspielen selten mehr als 500 bis 800, konnten, überspitzt formuliert, höchstens die Rechnungen für Wasser und Müllabfuhr bezahlt werden."

Das rächte sich bald. Der WSC häufte sechs Millionen Schilling Schulden an. Wieder wurden die Spieler über Monate nicht bezahlt. Sie drohten irgendwann mit Streik. Wie schon in vorhergehenden Jahrzehnten wurde im Sommer 1997 von WSC-Fans ein „Komitee zur Rettung des Wiener Sport-Clubs" gegründet. Die FHT organisierte am 2. Juli 1997 eine Sitzblockade vor dem Stadioneingang an der Alszeile. Auf einem von den Fans gemalten Transparent war zu lesen: Präsident, Trainer, Manager! Wollt ihr 114 Jahre Tradition killen? Anscheinend ja, denn die verantwortlichen Sponsoren und Manager strichen schon bald die Segel, ließen den WSC auf den Schulden sitzen und wechselten zur Vienna nach Döbling, um dort ihr ruinöses Werk weiterzuführen.

Das ist übrigens ein Muster. Fast jeder Chaot, der den WSC irgendwann einmal in die Krise geführt hatte, wurde später bei der Vienna mit offenen Armen empfangen.

Am 5. September 1997 wurde am Wiener Handelsgericht ein Konkursverfahren eröffnet, der WSC durfte dennoch weiterspielen. Nach einer katastrophalen Saison stieg der Verein im Sommer 1998 in die Stadtliga ab. Dort konnte sich der WSC langsam aber sicher wieder spielerisch aufbauen. Präsident zu dieser Zeit war Willie Kaipel, der bis heute enge Verbindungen nach Dornbach pflegt. Hunderte und teilweise tausende pilgerten zu den Spielen. Trotz immer noch laufendem Konkursverfahren gelang dem WSC 2001 die Rückkehr in die Regionalliga Ost. Bis dahin hatten private Gönner für die Bezahlung neuer Spieler gesorgt. Nun wurde aber der Versicherungskonzern AXA der neue Großsponsor des WSC. Der Plan: Klassenerhalt im Jahr 2002 und mit Dreijahresplan in die Bundesliga. AXA-Generaldirektor Franz Fuchs wurde im Juli 2001 zum WSC-Präsidenten gewählt.

Zum Ende der Herbstrunde 2001 lag der WSC auf Platz 7 der Tabelle. Manchen war das nicht hoch genug, eine schnelle Route Richtung Aufstieg sollte her. Als größtes Hindernis lagen die durch den Konkurs verursachten Schulden im Weg. Diese sollten höchst kreativ umgangen werden. So kam es, dass am 23. November 2001 der Wiener SK AXA das Licht der Welt erblickte.

Zitieren wir wieder *Von Dornbach in die ganze Welt:* „In der Generalversammlung am 22. Jänner 2002 stimmten die Mitglieder des Wiener Sport-Clubs gutgläubig dem Vorschlag ihrer eigenen Funktionäre zu, einen neuen Verein zu gründen und denselben anstatt des Wiener Sport-Clubs auf die nächste Saison anzumelden. Andere auf der Tagesordnung stehenden Alternativen wie Zwangsausgleich oder Forderungskauf kombiniert mit Ratenzahlungen gelangten nicht einmal zur Abstimmung."

Offensichtlich hatte das Verfahren grobe Defizite hinsichtlich der Transparenz: „Den Mitgliedern wurde verschwiegen, dass dieser ‚neu zu gründende Verein' als ‚Wiener SK AXA' bereits existierte, dessen Präsidium mit dem des Wiener Sport-Clubs ident war. Die Mitglieder wussten auch nicht, dass der Masseverwalter des Wiener Sport-Clubs ob der Abstimmung in der Generalversammlung bereits am 28. Jänner 2002 einen Vertrag mit dem Wiener SK AXA unterschreiben würde, der den gesamten Fußballbetrieb des Wiener Sport-Clubs rückwirkend mit dem 1. Jänner 2002 an den Wiener SK AXA übertrug. Preis: 30.000 Euro."

Anders ausgedrückt: Man hatte in vorhergehenden Jahrzehnten Fusionen mit Salzburg und Rapid erfolgreich abgewehrt, um nun die Fußballsektion aufgrund kommerzieller Interessen eines Großsponsors vom WSC loszulösen und zukünftig als eigenständigen Verein auflaufen zu lassen. Dieser Zustand wurde in den kommenden Monaten und Jahren verschleiert, ob aus Wurstigkeit oder Bösartigkeit sei dahingestellt. Jedenfalls spielte der Wiener SK AXA über einen längeren Zeitraum hinweg in den Dressen des WSC. Auch in der Medienberichterstattung war weiterhin vom WSC die Rede.

Bei der Bundesliga schaute man allerdings genauer hin. Im April 2002 wurde dem Wiener SK AXA der Aufstieg in die 2. Bundesliga verweigert. Die Begründung wird in *Von Dornbach in die ganze Welt* wiedergegeben: „Der lizenzantragstellende Verein Wiener SK AXA, welcher gemäß der übersandten Vertretungsbefugnis per Nichtuntersagungsbescheid vom 21. 12. 2001 neu gegründet wurde, ist nicht Mitglied des Wiener Fußballverbandes und wurde nicht dem Burgenländischen Fußballverband (als Organisator der Regionalliga Ost) zwecks Teilnahme am Meisterschaftsbewerb der

Regionalliga Ost genannt (…) dieser Verein ist daher nicht antragsberechtigt."

Der WSC legte für den Wiener SK AXA Einspruch bei der Bundesliga gegen diese Entscheidung ein. Am 21. Mai 2002 wurde diesem Einspruch stattgegeben. Dem sollen intensive Gespräche zwischen Sportministerium, Landesverband Wien und Vereinsmanagement vorangegangen sein. Über die Begründung für die Entscheidung, den Wiener SK AXA doch für die Bundesliga zuzulassen, wurde Stillschweigen vereinbart. Hier schlummert nur eine von zahlreichen, nie völlig aufgeklärten Ungereimtheiten des österreichischen Fußballs.

Wenn es das Ziel war, mit dem ausgegliederten Team an Höhenflüge der Vergangenheit anzuknüpfen, ging die Sache gründlich daneben. Der WSK spielte in der 2. Bundesliga eine katastrophale Saison und fand sich bald in der Regionalliga wieder. 25 Millionen Schilling wurden dafür in den Sand gesetzt.

Im Juni 2003 wurde der AXA-Konzern von der UNIQA-Versicherungsgruppe übernommen. Diese stieg mit der Begründung aus, kein Interesse mehr an Fußballsponsoring zu haben. Lustigerweise tritt die UNIQA heute als Hauptsponsor des gerade pleitegegangenen First Vienna FC auf. Alle Wege führen nach Döbling, wie ich oben schon sagte. 2005 trat Franz Fuchs als Präsident ab. Laut *Von Dornbach in die ganze Welt* lautete sein Resümee: „Ich gebe zu, daß ich die Bindung vieler Menschen an den Wiener Sport-Club als Herzensangelegenheit falsch eingeschätzt habe. Für mich war das am Beginn mehr ein business-case."

Diese „Geschäftsentscheidung" sorgte aber im schwarz-weißen Universum für Verwerfungen, die bis heute spürbar sind. Gerade bei den Amateursportsektionen des WSC gab es verständlicherweise großen Unmut darüber, dass man als Verein über Jahrzehnte für eine Fußballsektion geblutet hatte. Im Laufe der Jahre war Vereinsinfrastruktur verkauft worden, wie das große Vereinsheim in der Rötzergasse, um Geld für den Fußball zu lukrieren. Und was kam dann dabei heraus? Die Fußballsektion wurde abgespalten!

Großes Misstrauen schlug sich folgerichtig in einem Vertragstext nieder, der sich gewaschen hatte. Im Jahr 2004 wurde dem WSK vom WSC ein zehnjähriges Nutzungsrecht des Namens „Wiener Sportklub" eingeräumt. Das wurde mit weitreichenden Einschränkungen versehen. Zum Beispiel: „Die Bezeichnung ‚Wiener Sportklub' bzw. ‚Sportklub' ohne eindeutig unterscheidungskräftigen Zusatz darf vom WSK aber insgesamt nicht mit jenem Schriftzug verwendet werden, der auf den Dressen der Mannschaft des WSC beim Spiel gegen Real Madrid am 04.03.1959 erstmals zu sehen war." Oder: „Im Gegenzug verpflichtet sich der WSK unwiderruflich, es zu unterlassen, während der Laufzeit dieses Vertrages bei der zuständigen Vereinsbehörde die Registrierung eines Vereinsnamens zu beantragen, dessen Bestandteil die Bezeichnungen ‚Wiener Sportklub' oder auch lediglich ‚Sportklub', ohne dass Letzterem ein eindeutig unterscheidungskräftiger Zusatz hinzugefügt ist, sind."

Genauestens wurde geregelt, dass sich der WSK unter keinen Umständen der Vergangenheit oder Gegenwart des WSC bemächtigen durfte. Im Vertragstext heißt es explizit: „Damit wird dokumentiert, dass der WSK mit dem WSC nicht ident ist, um jede konkret bestehende Verwechslungsgefahr abzuwenden. Weiters ist es dem WSK untersagt, sich der Geschichte und Tradition des WSC zu berühmen, insbesondere auf eine Weise, aus der für Dritte abgeleitet werden könnte, dass der WSK mit dem WSC ident ist.

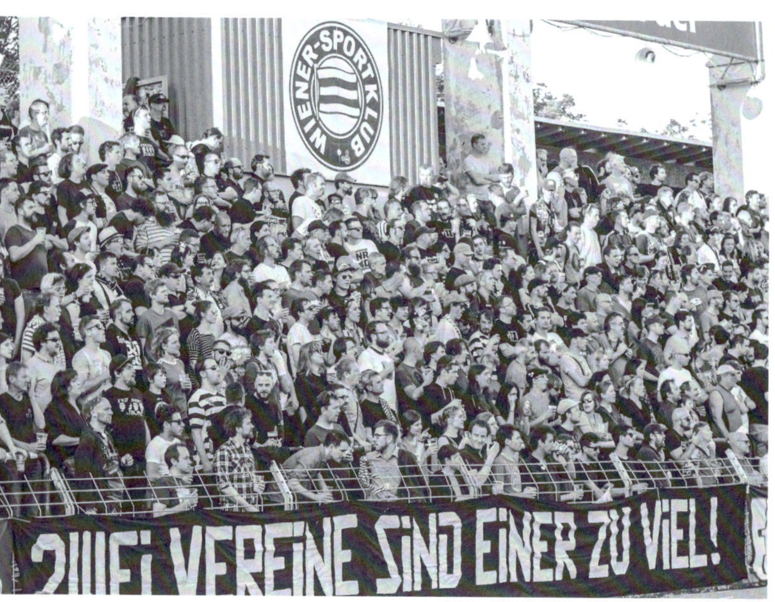


Transparent auf der FHT mit dem Schriftzug ZWEI VEREINE SIND EINER ZUVIEL! Gefordert wird die Rückführung des WSK in den WSC.

(…) Daher hat der WSK auch gegenüber den Medien und sonstigen Dritten auf erste Aufforderungen des WSC klarzustellen, dass der WSK nicht die vom WSC zuvor erzielten Erfolge, Resultate und sonstigen Leistungen für sich in Anspruch nimmt und nehmen kann.“

Das Namensnutzungsrecht wurde dem WSK für zehn Jahre zugestanden. Im Gegenzug zahlte der WSK jährlich 10.000 Euro an den WSC. Ich zitiere deshalb ausführlich aus dem Vertragswerk, um zu demonstrieren, welche Gräben durch das wirtschaftlich unverantwortliche Handeln diverser Akteure aufgerissen worden sind.

I joined the Sportclub away,
I saw the Sportclub play.
Call for the bus driver
to let me go home.
Let me go home!
I wanna go ho-o-ome!
This is the worst trip, I've ever been on!

Gesungen nach der Melodie eines Beach Boys-Songs handelt es sich hier um eine recht junge Errungenschaft des schwarz-weißen Liederbuches. Bislang hat sich dieser Gesang leider nicht durchsetzen können. Das Lied trifft aber durchaus die Stimmung, die sich schon auf mancher Auswärtsfahrt eingestellt hat.

Und wieder schieben sich die Wiener Großclubs in den Vordergrund. So konnte die Wiener Austria zu den Zeiten, als das alte, inzwischen abgerissene und wie bei Rapid durch einen teuren Neubau ersetzte Horr-Stadion noch stand, nicht damit umgehen, dass manche Vereine in der Regionalliga Ost sogar einen Auswärtsanhang mitbrachten.

Gut, die zahlreich anwesenden Sicherheitskräfte, die einen nicht einmal, nicht zweimal, sondern geschlagene drei Mal abtasteten, waren schon bundesligatauglich. Wieder so eine Sache, die mich daran erinnert, warum mir das ganze Getue in den höheren Sphären des österreichischen oder internationalen Fußballs am Arsch vorbeigeht.

Hatte man die Sicherheitskontrolle einmal überstanden und befand sich im zugegebenermaßen zumindest akustisch recht netten Auswärts(käfig)-Sektor, kam die nächste Überraschung. Die Kantine war zu. Gesperrt. Nichts zu essen und – für viele Anwesende noch schlimmer – kein Bierausschank. Den gab es aber für die Heimfans auf der Haupttribüne, wie man mit einem Blick durchs Fernglas erkennen konnte. Der Sport-Club-Anhang ist eigentlich eher gemütlich drauf. Wir tun ja keinem was. Man darf uns nur nicht das Bier verweigern! Wenn man Wiener*innen das Bier verweigert, passieren schlimme und unschöne Dinge. Dann kommt es zu Revolten und Aufständen.

Nach rund zwanzigminütigem Parolengeschrei, mit welchem die Öffnung des Bierstandls im Auswärtssektor gefordert wurde, erschien schließlich ein überforderter Ordner. Was wir denn wollen täten. Dies wurde ihm nun recht farbenfroh erläutert. Er schlich sich also wieder, um mit seinen Vorgesetzten die austrianische Bierkrise zu erörtern.

Etliche Minuten später kam er wieder. Er hatte ein (EIN!) Biertragerl für alle anwesenden rund 200 Leute dabei. Es werde nun ein Lieferservice eingerichtet. Man werde das Bier von der Haupttribüne herbeischaffen.

Das ist nun schon einige Jahre her. Ob die Kantine beim Auswärtssektor schließlich geöffnet wurde, kann ich nicht mehr genau sagen.

Genauer ist mir da noch der jüngste Trip zu den Rapid-Amateuren von Ende April 2018 im Gedächtnis. Diesmal fand das Spiel nicht im Stadion, sondern auf der Trainingswiese nebenan statt. Vielen gefiel das nicht, ich war hingegen froh, dieses Mal nicht mit der Rapid-Mari€ belästigt zu werden. Allerdings hatte ich die Rechnung ohne den Wirt in Gestalt des Rapid-Kommerzdepartments gemacht.

Rapid-Mari€ gab es keine. Dafür aufdringliche Beschallung mit dem gesamten Arsenal aller jemals auf einen Tonträger aufgenommenen Rapid-Propagandasongs. Den Platzsprecher konnte man aufgrund eines grottig eingestellten Mikrofons kaum verstehen (und das war vielleicht eine Gnade). Aber als der Hauch von Fangesängen von Seiten des Sportclub-Anhangs zu hören war, wurde die Musikanlage nochmal so richtig aufgedreht. Dieses Procedere wiederholte sich zur Halbzeitpause. Auch als die Mannschaften den Platz betraten, gab es keine Ruhe, sondern üblen, bösen und gefährlichen Gangsta-Rap aus der Dose. Manche sprachen schon von psychologischer Kriegsführung. Bei Rapid ist alles eine eingespielte Event-Choreographie. Ein Verein, der gerne Bayern München wäre, es aber nicht hinbekommt.

Hier ist auch auf dem Trainingsplatz der Amateure alles durchreguliert. Gästefans sind eine unwillkommene Störung der Rapid-Wohlfühlblase. Sie werden deshalb an den Rand eines schmalen Grasstreifens mit Betonmauer verbannt. Widerstand ist zwecklos. Wer sich woanders hinstellt, kriegt Besuch von den Borg, also dem Ordnerdienst. In der Regionalliga. Wo eh alles wurscht ist.

Manche begannen schon scherzhaft, „die Mauer muss weg“ zu rufen, das brachte aber auch nichts. Die Mauer blieb. Und damit blieb sie ein Hindernis auf dem Weg zum Klo und zum Bierstand, der, so erklärte es einer vom Ordnerdienst, „extra für euch dort hingestellt wurde“. Wohin genau, war nicht ohne Weiteres erkennbar. Die Mauer war ja im Weg. Ausgeschickte Kundschafter*innen fanden schließlich nach einem langen Trip durch die Wüste ein einsames kleines Standl im Schatten des Allianz-Stadions. Lange war ich nicht mehr so froh, den Ort des spielerischen Geschehens verlassen zu dürfen. Und nein, es lag nicht an der 0:3 Niederlage.

Nach solchen Spielen ist es gut, wenn man noch woanders hingehen kann, um seine Laune zu verbessern. Für viele ist dieser Ort das *Flag*. Für mich war es diesmal eine mit der U4 leicht erreichbare Party. Auf dem Weg dorthin traf ich an einem Würstelstand ein mir vom WSC bekanntes Gesicht. Der Würstelstand hatte einen mit polnischem Bier ausgestatteten Zapfhahn und der WSCler hatte die Kontrolle darüber übernommen. Ob ich eines wolle? Na klar!

Der Würstelstand hatte auch sehr bequeme Sesseln unter Bäumen, die zum Verweilen einluden. Er kenne die Betreiber, deshalb könne er hier anderen Leuten das Bier zapfen. So weit ging deren Vertrauen, dass wir noch lange, nachdem der Würstelstand bereits alle Rollläden hinuntergelassen hatte, dort bleiben konnten. Wir sprachen über dieses und jenes, über den WSC und das gerade vergangene Spiel.

Und auch dies, liebe Leute, ist der Fußball. Das Schöne an der Sache ist ja, dass es sich um eine völlig sinnbefreite Tätigkeit handelt. Natürlich könnte man die Zeit dafür nutzen, seine Existenz zu verbessern. Man könnte Sport treiben und etwas für die Gesundheit tun. Man könnte sich weiterbilden. Man könnte sich im Möbelhaus seiner Wahl nach einer neuen Wohnungseinrichtung umschauen. Oder man könnte gar arbeiten gehen. Stattdessen setzt man sich in einen Reisebus nach Parndorf, um sich dort ein Spiel anzuschauen, welches höchstwahrscheinlich mit einer Niederlage endet.

Fußball ist nicht immer der Wettbewerb um den tollsten Fanauftritt, die provokativsten Spruchbänder, die lautesten Gesänge, und wer wie viele Leute auswärts dabeihat. Es ist manchmal ein spontanes zweistündiges abendliches Gespräch nach einem verlorenen Spiel an einem Würstelstand in einem Wiener Außenbezirk.

Ein gut gefüllter Bus machte sich im März 2018 auf den Weg, um die WSC-Frauen im Viertelfinale des ÖFB-Pokals zu unterstützen. Der Gegner hieß St. Pölten, eine „schwierige Aufgabe", wie man euphemistisch so sagt. St. Pölten spielt nicht in St. Pölten, sondern in Böheimkirchen. Per Busmikrophon ließ Reiseleiter Markus Kubanek ausrichten, er habe zahlreiche Seiten mit wissenswerten Details über Böheimkirchen, die Geschichte des Ortes und dessen Besonderheiten sowie kulturelle Errungenschaften ausgedruckt, dann aber die Blätter daheim vergessen. Somit blieb es bei kleineren Anekdoten.

Böheimkirchen. Als das Stadion der St. Pöltener in Sichtweite kam, war die Sache schon recht eindrucksvoll. Eine ziemlich imposante Schüssel steht dort auf der grünen Wiese. Sie bietet immerhin 8.000 Zuschauer*innen Platz und ist auf eine Kapazität von 13.000 erweiterbar. Nur, dass das Viertelfinale des Frauen-ÖFB-Cups nicht dort stattfand. Zielstrebig fuhr der Reisebus am St. Pöltener Camp Nou vorbei. Auch eine bereits deutlich kleinere Trainingsanlage mit angeschlossenem Kantinenbetrieb wurde links liegen gelassen.

Schauplatz des Pokalschlagers St. Pölten vs. WSC war ein grüner Kunstrasenplatz, umgeben von einem Zaun. Keine weitere Infrastruktur. Der nächste Getränkeausschank war eine Wanderung von rund zehn Minuten entfernt. Macht nichts, dachten sich die

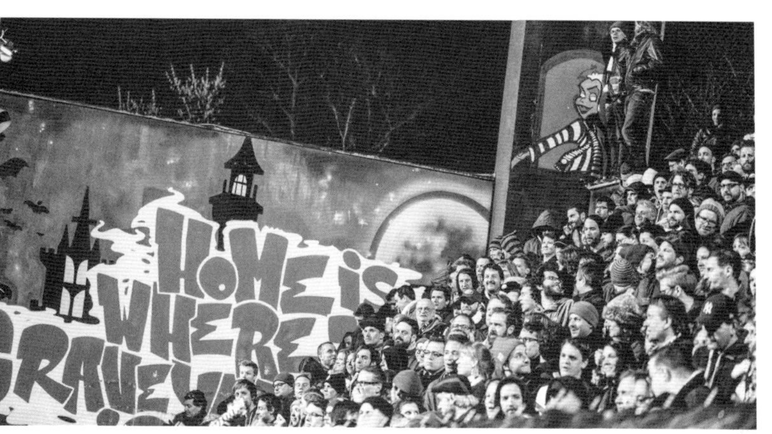


Graffiti an der Richtung Haupttribüne stehenden Wand der FHT.

Ein Kunstrasenplatz am Rande des Hypes

wie immer findigen Betreiber der mobilen Flag-Bar. Flugs wurde das mitgenommene Dosenbier an den Zaun geschleppt und unter diesem an die mitgereisten WSC-Supporter durchgereicht. Die WSC-Solikasse wurde somit gut gefüllt. Wer mit der FHT auf Auswärtsfahrt geht, ist aufgefordert, auf eigenes Zeug besser zu verzichten und sich den professionellen Diensten der Kneipiers des *Flag* anzuvertrauen. In St. Pölten gab es Ostereier mit Eierlikör übergossen. Und das am Vormittag. Aber es war schließlich Sonntag.

Zurück zum Spiel. Zu Beginn hatte der WSC-Anhang den Platz noch für sich, bis sich plötzlich ein stöhnendes, von Trommelgeräuschen begleitetes Geräusch erhob. Oooooohhhhhhoooooooo-ohhoo ertönte es aus zahlreichen, naja, rund zehn Kehlen. Es klang wie ein akustisch formulierter kollektiver Hangover. Nun gut, es war schließlich Sonntag. Damit war jedenfalls, einige Minuten nach Anpfiff, auch eine Delegation des St. Pöltener Anhangs erschienen. Sie erlebten einen gewaltigen 10:0 Erfolg ihres Frauenteams. Am Ende machte man gemeinsam noch artig ein Gruppenfoto in einer Örtlichkeit, die wohl auch einen sportlichen Zweck hatte, aber eher wie eine Filmkulisse aus Mad Max ausschaute, dann ging es ab nach Hause.

Das sind also die Bedingungen des Frauenfußballs in Österreich, fernab vom Hype um die erfolgreiche österreichische Nationalmannschaft. Wo den Männern selbst in den unteren Ligen alles hinterhergetragen wird, dürfen sich die Frauen immer noch als Protagonistinnen zweiter Klasse fühlen. Dafür sollen sie auch noch dankbar sein. Auch die WSC-Frauen haben es alles andere als leicht. Jedes stattfindende Spiel ist auch ein Erfolg ihrer Willensstärke. Für ihre schwarz-weißen Trikots spielen sie sich die Seele aus dem Leib. Auch wenn sie 10:0 verlieren.

Vielerorts ist der Fußball im deutschsprachigen Raum austauschbar geworden. Überall werden dieselben vier bis fünf Melodien gesungen, nur die Farben, Fahnen und der Habitus der Fans sind unterschiedlich. Und doch leben Fußballvereine von ihrer Verortung. Der Sportclub-Platz hat eine über 100-jährige Geschichte, die bis heute in den Bezirk ausstrahlt. Der WSC ist an diesen Ort gebunden. Ein alternativer Spielort wäre nicht mehr der WSC. Ein Ortswechsel wäre viel schlimmer für die Zukunft des Klubs, als es jede Änderung der Buchstabenkombination in der Vergangenheit jemals war.

Ein Zeichen dieser lokalen Verortung ist, dass beim WSC auch im Wiener Dialekt gesungen wird, während die englischen Liedtexte auf die internationale Reisefreudigkeit im harten Kern der Fanszene hindeuten. Beides, Reisefreudigkeit und Lokalpatriotismus, gehört zur Identität. Wobei es sich bei Letzterem um einen offenen Lokalpatriotismus handelt. Jeder soll sich auf dem Sportclub-Platz wohlfühlen können, egal woher die Person kommt, aus welchem Land auch immer, ob sie nur auf Durchreise ist, in einem anderen Wiener Bezirk lebt oder in Hernals eine neue Heimat gefunden hat.

I mog dei schwoazes und dei weißes Gschau,
Du bist ned grün, ned violett, no gelb und blau!
I hob mi übern Kopf verliabt und übern Hois,
Du bist mei Liabschaft aus Heanois!
Haaalloooo!

Wer den Autoren dieses Liebeslieds kennenlernen möchte, fährt am besten über die Bezirksgrenze in das benachbarte Ottakring. Dort, in der Erdbrustgasse, betreibt der WSC sein Trainingszentrum. Hier trainieren alle Teams der Männer und der Frauen sowie des Nachwuchses. Das weitläufige, im Grünen gelegene Gelände ist auch für Nichtspieler*innen einen Besuch wert.

Genau hier verbringt der Sänger und Musiker Chris Peterka einen Großteil seiner Zeit. Er ist jahrzehntelanger Sport-Club-Fan. Geboren ist er aber in Wien Meidling. Vielleicht hat seine schwarzweiße Leidenschaft ja etwas mit seinem Geburtsjahr 1958 zu tun.

Damals wurde der WSC österreichischer Meister. Zehn Jahre später besuchte der kleine Chris Peterka sein erstes Spiel am Sportclub-Platz.

Die Atmosphäre der späten 1960er Jahre beschreibt er so: „Damals hatte der WSC ein Spitzenteam. Aber der Sportclub-Platz war nur ein Platz. Es gab keine Tribünen. Auf der Kainzgasse gab es nur zwei bis drei Sitzreihen. Die heutige Haupttribüne war nicht überdacht. Trotzdem waren zwischen zwölf- und vierzehntausend Menschen bei den Spielen. Als Bub habe ich mich eine halbe Stunde lang vordrängeln müssen, um etwas sehen zu können."

Chris Peterka hat als Musiker rund 3.000 Auftritte gespielt. „In Meidling bin ich bei einem Kulturverein aktiv: Alberts Bücherlager. Das ist eine nette Geschichte. Es ist offen für alle und hat eine echte Wohnzimmeratmosphäre." Im Jahr 2001 schrieb er die *Liabschaft aus Heanois,* allerdings „nur für mich", wie er sagt. „Ich hätte mir damals nie vorstellen können, dass das mal von den Fans gesungen wird. Das Lied war ursprünglich auf einer von mir aufgenommenen CD mit Wienerliedern. Irgendwann hat mir mal einer gesagt: Heast, die singen dein Lied am Platz. Ich habe erst gar nicht gewusst, welches Lied da gemeint ist."

Als im Jahr 2014 der AS Roma für ein Testspiel am Sportclub-Platz gastierte, führte er sein Lied im Stadion auf. „Doch zuerst habe ich die Roma-Hymne auf Italienisch gesungen. Da hat die ganze blaue Tribüne mitgesungen. (Dort werden bei „großen" Spielen die Gästefans untergebracht.) Mein selbstgelerntes Italienisch hat hier einen besseren Wert gehabt als beim Saufen und Fressen im Urlaub. Ich bin seit langem Profimusiker, aber auf diesen Auftritt habe ich mich sehr lange vorbereitet. Und dann hab ich mich vor 1.500 Leuten verspielt, aber nur leicht. Die Anlage am Sportclubplatz ist eh so schlecht, dass man nur bruchstückhaft mitkriegt, was gespielt wird."

Seit 2011 baut Chris Peterka den Frauenfußball beim WSC auf. Er ist damit einer von vielen Fans, die es über die Jahre in die Vereinsarbeit verschlagen hat. „Ich bin seit 2006 im Frauenfußball aktiv, zunächst aber bei anderen Vereinen. Ich habe Spielerinnen im Alter von 14 Jahren gesehen, die heute international oder in der Bundesliga spielen. Mit der Wiener Viktoria bin ich zwei Mal Meister geworden. Beim WSC haben wir mit dem Frauenteam insgesamt acht Titel geholt."

Einfach ist das nicht. Auch beim WSC spielt der Frauenfußball trotz allen Engagements nur die zweite Geige. Und Geld hat der WSC eh keins. „Das Geld für das Frauenteam kommt aus dem Umfeld. Der Verein selbst stellt nur den Platz. Ab heuer garantiert der Christian Hetterich mit Dornbach Networks ein Grundbudget. Das ist ein fünfstelliger Betrag, sollten alle Stricke reißen. Er reißt sich für uns den Arsch auf, das muss man wirklich mal sagen. Auch die FHT ist eine große Unterstützung, sowohl finanziell als auch personell. Beim Pokalspiel gegen St. Pölten sind die mit einem ganzen Bus dagewesen. Die FHT organisiert Feste für uns, unterstützt vor Ort und fährt zu den Schlagerspielen. Auch der Nachwuchs wird von den Fans unterstützt. Die meisten FHTler sind Idealisten im positiven Sinn."

Auch sonst gibt es immer wieder Hindernisse, die es zu überwinden gilt. „Wir haben ein reines Amateurfrauenteam. Die arbeiten und studieren hauptberuflich. Außerdem ist die Platzeinteilung beim Training schwierig, weil wir uns das Gelände natürlich mit allen anderen WSC-Teams teilen. Hinzu kommt, dass wir von unseren Frauen einen Trainingsbeitrag verlangen müssen. Bei all den sportlichen Erfolgen finde ich es aber schon fast unmoralisch, den Mädels für ihren Einsatz auch noch Geld aus den Taschen zu ziehen."

Und wie sieht es da mit dem Musikerdasein aus? „Ich verbringe vierzig Stunden pro Woche mit dem WSC. Da ist alles dabei. Telefonate, Training, Dressen checken und anderes. Ein Tag mit zwei Heimspielen bedeutet für mich acht bis zehn Stunden Arbeit. Das sehen viele nicht. Deshalb vernachlässige ich die Musik auch derzeit ein bisschen."

Man sieht ihn schon von Weitem, den kleinen glatzköpfigen Mann mit Brille, wie er mit fröhlichem und optimistischem Lächeln auf einen zukommt, um zu fragen: „Hast du schon ein Los gekauft?" Christian Hetterich ist immer auf Achse. Er hat es sich zur Aufgabe gemacht, die dauergestressten Finanzen des WSC zu verbessern. Dafür organisiert er Sponsorenverlosungen, Torwetten, Feiern und zahlreiche Dinge mehr. Christian Hetterich ist aus dem Leben des WSC nicht wegzudenken.

Er erzählt: „1984 habe ich mein erstes WSC-Spiel gesehen. Aber als Austrianer. Da bin ich als Auswärtsfan auf der blauen Tribüne im Sportclub-Stadion gesessen und habe dort die Aussicht auf den Schafberg genossen. Die Atmosphäre hat mich fasziniert. Das Enge, Familiäre, Kritische. Meine Großmutter wohnte im 17. Bezirk, sie wohnt dort immer noch. Die Spiele habe ich dann immer mit dem Besuch bei meiner Oma kombiniert.

1994 habe ich mir gedacht, ich will entweder bei der Austria oder beim WSC arbeiten. Ich habe dann beim WSC gearbeitet. 1999/2000 bin ich als Kassakraft zum Verein gekommen und 2003 bin ich Angestellter geworden. 2010 habe ich tatsächlich ein Angebot von der Austria bekommen, dieses aber zugunsten des WSC abgelehnt."

Christian Hetterich ist durchaus ein Kritiker der Methoden, mit denen im österreichischen Fußball Gelder lukriert werden. Vielleicht macht ihn das als Geldbeschaffer für den WSC so geeignet. „Der Fußball unterliegt in Österreich einem Missverständnis. Die Hauptsponsoren der Vereine sind politisch motiviert. Die Vereine werden politisch groß gehalten. Auch früher waren die Vereine keine Selbstversorger. Sie haben damals nicht von ihren Zuschauern gelebt.

Ich habe mich nur wenig mit dem Verkauf von Anzeigentafeln anfreunden können. Warum sollte uns jemand deshalb die Tür einrennen? Ich habe einen anderen Ansatz entwickelt und die Kultur vom WSC in den Vordergrund gestellt. 2007 habe ich mir überlegt: Wie soll das weitergehen? Wie verkaufe ich etwas, was unverkäuflich ist? Da ist mir der Gedanke gekommen, den Sponsoren eine Plattform zu bieten und sie miteinander zu vernetzen."

Das geschieht heute über Dornbach Networks, einem Wirtschaftsnetzwerk, welche kleine Wirtschaftstreibende vor allem, aber nicht nur, aus Hernals zusammenbringt und gleichzeitig Geld für den WSC (früher für den WSK) aufstellt. Bevor das Konzept aufgehen konnte, musste Christian Hetterich aber gegen Betonköpfe anrennen: „2007 hab ich das Konzept beim Präsidium vorgestellt. Elf Seiten Folien habe ich dabeigehabt. Und dann der Dvoracek … *(es folgt eine Beschimpfung).* So etwas habe ich noch nie erlebt. Der ist nur gelangweilt dagesessen und hat gesagt: ‚Nächste Folie. Komm am Punkt.' Das war ein Wahnsinn."

Ein Jahr später war Präsident Dvoracek Richtung Vienna verschwunden und beim WSK klafften, wie in der Vergangenheit beim WSC, die Finanzlücken. Das Konzept von Dornbach Networks erwies sich nun als wichtiger Notnagel für den Verein: „Ich habe seitdem bis heute eine Million Euro an den Verein eingezahlt. Das ist beachtlich, aber viel zu wenig. Ich wünsche mir einen sorgenfreien Verein. Dornbach Networks hat derzeit rund achtzig Mitglieder. Wir setzen stark auf Lokalität, haben aber auch viele Mitglieder aus dem Umland."

Jedes Jahr organisiert Hetterich eine Sponsorenverlosung. Für 500 Euro pro Los winkt als Hauptpreis das Trikotsponsoring bei der Kampfmannschaft der Damen oder der Herren. Der Verkauf dieser Lose ist ein jährlicher Marathonlauf, der viel Arbeit erfordert: „Die Sponsorenverlosung ist sehr wichtig. Ich muss wirklich viele Lose verkaufen, damit der Verein auch das Geld bekommt, was er am Ende bekommt. Ich bin da bei den einzelnen Summen ja auch in einem sehr niedrigen Segment unterwegs.

Ich kämpfe mit der Erfolglosigkeit des Vereins. Viele kommen nicht mehr zu den Spielen. Das geht mir auch bei den Dornbach Networks-Leuten so. Früher habe ich das Spiel genutzt, um mit den Leuten zu reden. Heute muss ich ihnen hinterherfahren. Das ist eine gefährliche Entwicklung für den Verein." Auch die besondere Fußball- und Fankultur hilft da nur bedingt weiter: „Ich kann niemandem die Top-Kultur beweisen. Die Anstoßzeiten am Freitagabend sind für Kinder nicht ideal. Aber Samstagnachmittag geht auch nicht, wegen der großen Vereine."

Neben dem Sponsoring betreibt Dornbach Networks eine Art erweiterte Nachbarschaftshilfe. „Ich will, dass das Geld im Netzwerk bleibt. Dafür braucht es natürlich das Vertrauen aller Beteiligten.

Immer wieder werde ich angesprochen, ob ich jemand kenne, der etwas reparieren oder arbeiten kann. Einmal ist im *Brandstetter* die Weinleitung kaputt gewesen. Über das Netzwerk konnte sie schnell repariert werden. Das Netzwerk ist eine Problemlösungswerkstätte."

Christian Hetterich kann eine lange Latte an Baustellen aufzählen, die beseitigt werden sollten, um die Zukunft des Vereins langfristig zu sichern. „Wir brauchen ein neues Spielfeld. Auf unserem Platz kann man kaum mehr spielen. Wir sind in vielen Bereichen unprofessionell und sägen oft an eigenen Gallionsfiguren. Dann ist da der Umgang der Leute miteinander. Die mangelnde Teamfähigkeit. Ich hab seit dem Jahr 2000 mindestens zwanzig Vorstandsmitglieder und vier Präsidenten kommen und gehen sehen.

Ohne die FHT und die Fankultur wäre der Verein im Arsch. Das wird von der Vereinsführung aber nicht immer verstanden. Verschiedene Präsidenten der Vergangenheit haben zum *Flag* hinaufgeschaut und gesagt: ‚Das da oben gehört ausgeräuchert.' Die wollten das *Flag* draußen haben. Stattdessen wollten sie einen VIP-Club. Oder einen Kommerz-Club.

Dann die leidige WSC/WSK-Geschichte. Das hat uns zwanzig Jahre gekostet! Stillstand! Das hat dazu geführt, dass manche im Haus sich hassen. Befürworter – Gegner. Verbale Prügeleien im Internet. Manche haben zu WSK-Zeiten den Platz nicht betreten. Das war wie in ‚Asterix und der große Graben'. Das ist immer noch nicht gekittet. Der WSC hat eine Identitätskrise. Wohin gehören wir? Was wollen wir darstellen? Ich will hier die Fußballkultur leben und nicht zerstört sehen."

Was meint er damit genau? „Ein Beispiel ist der letzte Aufstieg in die 2. Liga. Da waren plötzlich viele Leute da, die hier nicht dazugehören, die nichts verkörpern. Die waren nur als Gloryhunter da. Zwei Jahre lang haben wir sie nicht wieder rausgekriegt. Ich finde den Verein geil, aber nicht wegen dem, was er ist, sondern wegen dem Potenzial, das er hat. Das hat nichts mit Sport zu tun, das hat mit Menschen zu tun. Es knistert! Wir sind auf eine Art verbunden, die viele von uns gar nicht begreifen. Das ist eine Community! Der WSC ist ein kleines Dorf. Es gibt einen riesigen Vernetzungsgrad. Das zeigt sich besonders, wenn jemand von uns stirbt. Was sich da auf den Begräbnissen abspielt Wenn ich jemand kenne, begleite ich ihn auch auf seinem letzten Weg. Das gehört bei Beziehungen und Community dazu. Bis zum Tod. Sonst wäre meine Beziehung nichts Besonderes."

Der Sportclub-Platz lebt, weil sich Menschen für ihn einsetzen. Ansonsten wäre nicht nur bei den Flutlichtmasten schon lange das Licht ausgegangen. Das gilt auch für die Toiletten der Friedhofstribüne. Sie werden liebevoll von Leo betreut. Deshalb sagt man auf der Friedhofstribüne auch nicht „ich geh aufs Klo", sondern „ich geh zum Leo". Will man zu ihm, muss man einen Treppenabgang hinabsteigen, man muss quasi ins Gedärm der Tribüne vordringen. Hat man diesen Abstieg geschafft, begrüßt einen der Leo jedes Mal mit einem freundlichen „Ja hallo!" Leo ist einer jener Menschen, die kaum ein Heimspiel verpassen, aber nie ein Heimspiel sehen. Jedenfalls nicht auf die herkömmliche Art.

Unten in seinem Reich hat er eigene Methoden entwickelt, dem Spielverlauf zu folgen. Jedenfalls ist er immer bestens über den Spielstand informiert und findet selbst beim katastrophalsten Spielverlauf noch aufmunternde Worte für seine Kundschaft. Wenn es hart auf hart kommt, nimmt der Leo im Sonntagsanzug an Auswärtsspielen teil. Der Anzug soll Glück bringen und hat es

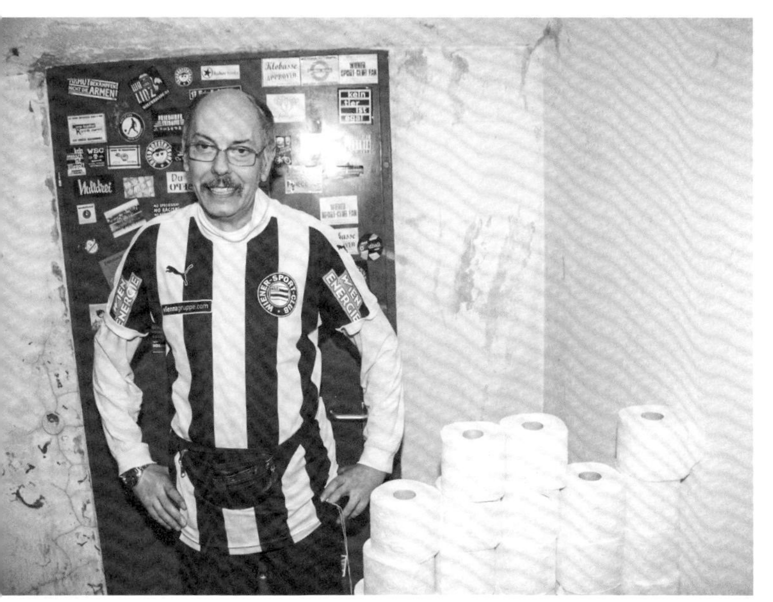


Der Leo, Klomann und guter Geist der Friedhofstribüne.

bis jetzt auch immer getan. Der Abstieg aus der Regionalliga in die Wiener Stadtliga ist dem WSC, und auch dem WSK vorher, trotz bester Bemühungen der beteiligten Spieler schon lange nicht mehr gelungen – auch weil der Leo immer da war und ist. Im April 2018 feierte er sein 20-jähriges Dienstjubiläum am Sportclub-Platz. Die WC-Besucher*innen wurden dafür extra von einer selbstgebastelten lachenden Sonne begrüßt. Möge sie noch lange weiter scheinen.

Dass der Leo etwas Besonderes ist, haben auch manche Medienanstalten gemerkt. So kam es in den letzten Jahren zu etwas merkwürdigen Zwischenfällen. Schließlich ist das Letzte, was man beim Wasserlassen braucht, ein Kamerateam, das Nahaufnahmen von einem macht. In einem Fernsehinterview versuchte eine Journalistin, dem Leo eine Fangfrage zu stellen. Es war kurz vor jener Nationalratswahl, die Österreich die derzeitige schwarz-blaue Regierung bescherte. Was er denn zu wählen gedenke, fragte die Journalistin. Und unausgesprochen stand der Gedanke im Raum, der depperte Prolet wählt sicher die Rechten. Da kann man schön das linke Vereinsimage hochnehmen. Doch der Leo weiß, was wichtig ist im Leben: „Ich wähle KPÖ", sagte er strahlend. „Die Sozialdemokraten sind ja schon lange nicht mehr rot. Da hat mein Vater immer gesagt, dann muss man eben dunkelrot wählen." Recht haben sie, der Leo und sein Vater.

Doch auch der Leo kann den langsamen Verfall der Friedhofstribüne nicht aufhalten. Zu Beginn der Frühjahrsrunde 2018 kam der Gau: In der Frauentoilette auf der FHT ging nichts mehr. Ein anderes WC an der Grenze zwischen FHT und Haupttribüne musste ganz gesperrt werden. Rohre waren geplatzt und hatten einen massiven Wasserschaden verursacht. Einmal mehr war überdeutlich das Zeichen der Notwendigkeit einer Stadionsanierung an die Wand gemalt worden.

Auf der nicht überdachten Kainzgassentribüne nahm man es mit Humor. Im April veröffentlichte die dort hausende Kainz-Gassen-Bande (abgekürzt KGB, manchmal nennen sie sich auch im Hinblick auf die FHT Kleiner Gemeiner Bruder) die erste Ausgabe ihres Fanzines Das Kleine Gemeine Blattl. Darin war Schockierendes zu lesen. Man ist in Wien ja einiges an Vetternwirtschaft und Korruption gewöhnt, doch die KGB setzte noch einen drauf:

„Kainz-Gassen-Bande bekommt 100.000 Euro von Gemeinde Wien“ war da zu lesen.

Und weiter: „Der Einsatz der KGB-Trolle hat sich ausgezahlt! Nach erfolgreich manipulierter Wahl von Michael Ludwig zum neuen Wiener Hausmeister zeigt sich die SPÖ nun erkenntlich: Das schon lange nötige und vehement geforderte goldene Scheißhaus auf der Kainz-Gassen-Tribüne kommt!! Kinder-Garten-Bandenchefin Lili zeigt sich erfreut: ‚Endlich sind wir von den FHT-Häusln unabhängig. Von nun an gilt: Unsere Scheiße für unsere Tribüne.‘ “

Sportclub-Fans haben also die Wahl des Wiener Oberbürgermeisters manipuliert. Und heraus kam nur eine goldene Toilette? Ein schlechter Deal. Bei Rapid gibt es für so etwas eine ganze Arena neu hingestellt. Aber der WSC hatte noch nie besonders viel politisches Durchsetzungsvermögen bei den herrschenden Kräften dieser Stadt. Immerhin waren die Toiletten beim Leo bald wieder repariert, sehr zur Freude dieses wichtigen und unersetzlichen Urgesteins unserer Tribüne. Die goldene Kainzgassen-Toilette ist übrigens bis Saisonende noch nicht aufgetaucht.

Beim WSC funktioniert noch nicht einmal die Korruption.

Ein immer wieder gerne am Sportclub-Platz gesungenes Lied beschäftigt sich mit einer gewissen Anna Marie und den bei ihr erhältlichen Kaltgetränken. Manch ein nur zum Derby anwesender Wiener Journalist hat tatsächlich schon in Artikeln die Frage gestellt: „Liebe Sportclub-Fans, wer ist eigentlich diese Anna Marie?“

Den Leuten kann geholfen werden. *Anna Marias Beisl* war für viele Jahre der Treffpunkt der jugendlichen Fanszene des WSC. Es war eines jener Eckbeisln, wie sie noch vor Jahrzehnten allgegenwärtig waren. Heutzutage werden sie immer seltener und sterben langsam, aber sicher, aus. Oft findet sich einfach keine Nachfolgerin oder kein Nachfolger.

*Anna Marias Beisl* war für den Sportclub-Anhang ein wichtiges Refugium zu den Zeiten, als man an den Aufbau des *Flags* noch gar nicht gedacht hat. Hier fanden Auswärtsfahrten ihren Anfang und ihren Abschluss. Das Lokal hat sowohl die Freuden als auch das Leid der WSC-Fans miterlebt.

Das ging ziemlich lange gut. Doch irgendwann entstanden Konflikte, die im Schwarz auf Weiß #9 unter der Überschrift „Das Ende einer Ära“ zusammengefasst wurden. „Lange Zeit war es für die Fans der Friedhofstribüne selbstverständlich, vor und nach dem Spiel *Anna Marias Beisl* aufzusuchen. Mit der Namensgeberin und Chefin hatten wir immer ein gutes Verhältnis; leider mußte sie ihre Arbeit im Wirtshaus krankheitsbedingt aufgeben und so wurden Stefan sowie seine Ehefrau die neuen Wirtsleute. (…) Irgendwann, nach einem Spiel, hatten eine Freundin und ich eine heftige politische Diskussion mit einigen Gästen, wobei sich besonders einer offen als Nazi deklarierte. Er hatte ein Hakenkreuz tätowiert. Zu meinem Bedauern war Stefan nicht unbedingt auf unserer Seite und entpuppte sich als typischer Alltagsfaschist.“

Es folgten eine Reihe weiterer Zwischenfälle. Eines Tages eskalierte die Lage: „Kurze Zeit später war *Anna Marias Beisl* wieder einmal voller WSC-Fans und es war nicht lauter als sonst auch. Ein paar Leute begannen zu singen und plötzlich schrie Stefan wütend herum, drohte mit dem Hinauswurf, drehte den Fernseher ab, wo in Kürze Fußball auf dem Programm stand, und reagierte in einem Übermaß, das mich zornig machte. (…) Ich sprang auf, warf Stefan einige unschöne Worte an den Kopf und verließ das Lokal. Allerdings war ich nicht als einziger erbost, denn nach und nach kamen fast alle Fans auf die Straße und diskutierten über das Geschehene. Was ich nicht sah, war, daß jemand die Preistafel vor dem Lokal zerkratzte und jemand anders ein paar Topfpflanzen ausriß. Plötzlich stand Stefan mit einer Hundeleine (!) bewaffnet vor uns, war, völlig zu Recht, erzürnt über diese Beschädigungen und drohte, er würde uns ‚schnoizn'. Ich habe ihn seither nicht wiedergesehen und werde *Anna Marias Beisl*, solange er dort arbeitet, nicht mehr besuchen."

Dieses Beispiel zeigt, wie wichtig durch die Fanszene selbst verwaltete Räumlichkeiten wie das *Flag* eigentlich sind. Ob man in den Beisln der Nachbarschaft willkommen ist oder nicht, hängt mehr oder weniger vom Zufall ab. Ein mir bekannter WSC-Fan erzählte mir kürzlich von einem Erlebnis, welches auch noch nicht so lange her ist. Nach dem Spiel besuchte er mit einem Freund ein kleines Lokal in der Nähe des Sportclub-Platzes. Die Besitzerin identifizierte die beiden als Sportclub-Fans und kündigte die baldige Ankunft ihres Mannes an. Der sei ein Nationalist und werde ihnen dann schon die Meinung geigen. Tatsächlich entpuppte sich der Mann als leidenschaftlicher Nazi, dem die FPÖ zu links war und zu viel Teil des Establishments.

Die Fanszene braucht eigene Räume, um ihre Kultur leben zu können. Eigene Räume bedeuten Unabhängigkeit. Das darf nie vergessen werden.

Jedenfalls wurde schon bald nach den Meinungsverschiedenheiten mit Stefan eine Alternative gefunden. Das Schwarz auf Weiß #10 kündigte an: „Neuer Anlaufpunkt der Leute von der Friedhofstribüne vor und nach den Spielen ist das *Gasthaus Tüchler*, Hernalser Hauptstraße/Beringgasse – auch Redaktionsmitglieder von SaW sind hier zu finden."

Nur eine Ausgabe später konnten positive Nachrichten vermeldet werden: „Den Stefan gibt's nicht mehr. Der Wirt von *Anna Marias Beisl*, dessen – gelinde gesagt – fragwürdige politische Einstellung die Leute von der Friedhofstribüne aus ihrem langjährigen Stützpunkt vertrieben hat, machte Platz für einen Nachfolger."

Das hatte offenbar eine Verbesserung der Lage zur Folge. Das Beisl wurde wieder zur Basis der Fanaktivitäten am Sportclub-Platz,

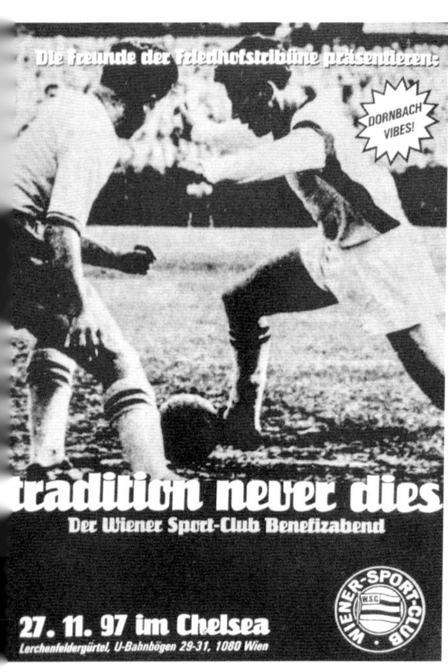


1997 organisierte die Friedhofstribüne ein erstes Benefizkonzert für den Wiener Sport-Club.

wie sich in der 11. SaW-Ausgabe nachlesen lässt. Im Editorial heißt es: „Unser besonderer Dank gilt den Sportclub-Fans, die unserer Einladung zur ersten offenen Redaktionssitzung in *Anna Marias Beisl* gefolgt sind. Das positive Echo und die vielen neuen Ideen bestärken uns, solche Treffen in Hinkunft häufiger durchzuführen. Nämlich: Di, 1. September, 19 Uhr – Anna-Marias-Beisl. Wir freuen uns auf ein nettes Pläuschchen bzw. eine heftige Diskussion im schattigen Gastgarten!“

Wenn sich die heute in der FHT aktiven Fans monatlich zum Treffen im *Flag* einfinden, dann folgen sie einer Tradition, die in *Anna Marias Beisl* ihren Anfang nahm. Das sollte Grund genug sein, dieses Lokal auch heute noch zu besingen.

## Wie die Polizei fast ein Turnier am Sportclub-Platz spielte

Heute ist das ja so. Im *Flag* sind die Fans lieber unter sich. Fernseh- und sonstige Kameras sieht man dort deshalb nicht so gern. Gerade heute, wo fast alles und jede/r bei irgendwelchen Events mit der Handykamera aufgenommen werden kann, ist es doch durchaus erholsam, einen Ort zu haben, wo dies nicht praktiziert wird und man nach und vor den Spielen einfach seine Ruhe hat.

Selbiges gilt für die Freund*innen und Helfer*innen von der Polizei. Die sind zwar bei den Heimspielen kaum zu sehen und pflegen, eine sehr ruhige Kugel zu schieben. Sie wissen, was sie an der gemütlichen Atmosphäre am Platz haben, weshalb von ihrer Seite kein Stress zu erwarten ist. Und doch sind auch am Sportclub-Platz die szenekundigen Beamt*innen der Wiener Polizei unterwegs. Man weiß ja nie, was die linken Zecken so planen, deshalb muss man da ein Auge drauf haben, eh klar. Und selten, aber manchmal eben doch, kommt es vor, dass sich der szenekundige Dienst ins *Flag* hineinbegeben möchte. Man kann sich ja mal umschauen, was so los ist. Ähnlich wie das Fotografieren wird auch dies eher ungern gesehen. Einmal wurde die Eingangstreppe in das *Flag* durch Fans blockiert, um der Polizei den Zutritt zu verwehren.

Es gab aber auch andere Zeiten. Zeiten, in denen man von Fanseite der Polizei wesentlich unkritischer gegenüberstand. Das waren paradoxerweise genau jene Zeiten, in denen sich auf der FHT die heute bestehende gewaltfreie und antirassistische Fankultur zu entwickeln begann. Das waren auch Zeiten, in denen die damals höchstens zwanzig bis dreißig Tribünen-Heimfans die Polizei manchmal brauchten! Es gab keine Fantrennung und bei Besuchen von Rapid oder Austria brachten die Gäste Schläge und Maulschellen als Gastgeschenke mit, sie waren eh meistens in der Überzahl.

Im Schwarz auf Weiß #5 wurde diese Atmosphäre so zusammengefasst: „‚Fucking, fucking Hooligans' riefen die WSC-Fans beim Heimspiel gegen Mödling, als ein Linzer (!) Skinhead (LASK-Fan) sie zu einer Schlägerei mit einer Handvoll vollkommen friedlicher Mödling-Fans überreden wollte. Natürlich hätte er sich keine weniger geeigneten Ansprechpartner als die Leute von der Friedhofsseite suchen können. Die Stimmung, die ihm entgegenschlug, sprach eine klare Sprache: ‚Piss off, Nazi!' Später, in *Anna Marias Beisl,* feierten wir mit den Mödlingern das Unentschieden und wunderten uns, wie schon so oft, darüber, welche Psychopathen auf Fußballplätzen herumlaufen und Gewalt suchen (und auch finden, wenn sie wirklich wollen!).

Warum ist es möglich, daß solche Leute auf der Alszeile einfach keine Freunde finden können, warum sind die Sportclub-Fans friedlich? Der Hauptgrund ist, glaube ich, ein sogenannter ‚harter Kern' von einigen wenigen Leuten, die Pazifismus nicht nur predigen, sondern auch praktizieren. Die vielen, die kommen und gehen, haben zwei Möglichkeiten: Entweder sie sind mit der friedlichen Grundstimmung einverstanden und bleiben, oder sie finden ihre ideologischen Freunde im Hanappi-Stadion. Der zweite Grund ist sicherlich die geringe Anzahl der WSC-Fans (im Vergleich zu den großen Vereinen). Es kennt fast jeder fast jeden und somit kann es nicht passieren, daß irgendwelche radikalen Spinner unsere ‚Welt' stören; wir werden weiterhin ab und zu unsere Watsch'n kassieren oder davonlaufen, aber es wird niemandem gelingen, aus dem Sportclub-Fanblock einen Schlägertrupp zu machen."

Das war die Lage im Jahr 1990. Sie führte zu teilweise konfusen Gemengelagen, wie sie ebenfalls im SaW #5 beschrieben wurden: „Irgendwie ist es schon arg, daß wir immer in denselben Topf wie Austria-, Rapid-, Tirol-, VOEST-Fans und wie sie alle heißen, geworfen werden. So lange wie ich am Platz gehe, hat es nie Schlägereien gegeben, die der WSC-Anhang provoziert oder angefangen hätte. Bei uns denkt Gott sei Dank überhaupt niemand daran, Randale zu machen. Doch anscheinend glaubt das keiner.

Als wir das Heimmatch gegen VOEST hatten, kam es auf unserem Platz zu ärgeren Schlägereien. Und ob Sie's glauben oder nicht, keiner von uns wußte genau, wer sich da mit wem prügelt. Da waren VOESTler, Austrianer und Rapidler. Irgend so eine ‚Hooligan-Gschicht'. Aber da war kein Mensch von uns dabei. Die ganze Stimmung auf unserer Friedhofstribüne war ‚im Arsch', weil keiner wußte, ob die sich jetzt nicht vielleicht alle ‚verbrüdern' und auf uns losgehen, oder was da überhaupt noch alles passiert. Die Polizei geleitete uns nach dem Spiel auf die Straße, und weg war sie – wie immer. Daß wir diesmal keine Schwierigkeiten hatten, grenzt an ein Wunder. Beim nächsten Heimspiel (gegen Krems) hab' ich geglaubt, ich träume. Da waren mehr Polizisten als zahlende Zuschauer. Unfreundlich – ja unfreundlich wurden wir schon vor dem WSC-Platz aufgefordert, unsere Sackerln herzuzeigen – weil wir ja Sportclub-Fans seien. (…) Es ist uns ja klar, daß die Polizei nur ihren Job tut, aber die meisten von ihnen sind eh bei jedem Heimspiel im Einsatz. Die sollten uns doch schon langsam kennen. Einen ruhigeren Job als Ordnungshüter am Sportclub-Platz kann man ja gar nicht haben. Und trotzdem: Hauptsache sie können irgendwelche Leute schikanieren."

Ein paar Wochen später raffte sich die Polizei offenbar auf, so etwas wie Fantrennung am Sportclub-Platz einzuführen. So wird ein Aufeinandertreffen mit der Austria Wien und deren Anhang am 4. September 1990 im SaW beschrieben: „Na ja, daß der Tag in die Geschichte eingeht, glaub' ich zwar nicht, aber wir werden uns immer gerne daran zurückerinnern. Nicht nur wegen dem großartigen Resultat und der Tatsache, daß unser Wiener Sportclub den Titelverteidiger Austria im Cup ausschalten konnte. Nein, sondern auch, daß sich die Polizei das erste Mal aufrappelte und die Austria-Fans auf die andere Stehplatztribüne schickte. Zwar kamen einige ein paar Mal auf die Friedhofstribüne, um uns zu provozieren, doch die wurden dann von der Polizei zurückgeleitet.

(…) Nach Spielende raffte sich eine ca. 20-30 Leute zählende Vollidiotenpartie auf der Ecke Alszeile/Kainzgasse zusammen. Wild gestikulierend und ‚Wiener, Wiener Hooligans' brüllend, warteten sie und warteten und warteten … Der WSC-Anhang stand am Friedhofstribünenabgang. Einige tanzten auf den Stufen und konterten mit ‚Fucking, Fucking, Hooligans'. Nun ja, sie warteten noch immer und schrien ‚Kameraden – haut drauf'. Wir winkten unseren Freunden und sangen ‚Wir, wir bleiben oben'. Nach einiger Zeit schritt dann die Polizei ein und führte sie zur Hernalser Hauptstraße. ‚Wir kriegen Euch alle' brüllten sie uns noch zu und weg waren sie. ‚Heut werd' ma feiern geh', sang der WSC-Anhang auf dem Weg ins Stammwirtshaus. Ein Dankeschön an unsere Ordnungshüter."

Auch im SaW #7 spielte dieses Spiel eine Rolle. Diesmal ging es um die Frage, wie man den WSC-Anhang zu, sagen wir, eher heiklen Auswärtsfahrten bewegen kann. Konkreter Anlass war das Fernbleiben vieler Sportclub-Fans beim Wiener Hallenturnier in der Winterpause der Saison 1990/91. „Zu guter Letzt gab es noch die (berechtigte?!?!) Angst vor möglichen Konfrontationen (Wickel) mit den Hooligans der Wiener Großvereine. Dieses Problem wird aber mit eurem Fernbleiben von den Stadien bzw. der Halle nicht gelöst. Je mehr friedliche Fans zu den Spielen des WSC kommen, desto schwieriger wird es für die Fooligans – hoppala, Hooligans – uns, die friedlichen Fans, zu vertreiben oder sogar zu schlagen. Merke: Je mehr wir sind, desto mehr Hohlköpfe müssen kommen!!!

Ich erinnere mich nur an das Cupspiel gegen die Austria (3:0), wo die Friedhofstribüne mit WSC-Fans gesteckt voll war, und als nach dem Spiel ca. 20 Hools auf uns gewartet haben: ‚Wir kriegen euch alle! Wien, Wien eisern Wien!', und aus ca. 50 Kehlen: ‚Fuckin', fuckin' Hooligans!' entgegengeschleudert wurde. Solche Ansammlungen von friedlichen, am Fußball interessierten Fans erwecken sogar bei diesen einfältigen Gemütern Eindruck. Also liebe WSC-Fans, gemeinsam sind wir stark, wir dürfen uns nicht die Freude am Fußball und am WSC von diesen Ar……… vermiesen bzw. zerstören lassen."

Dass beim WSC manche Dinge anders liefen, sprach sich bald bei anderen Fanszenen herum. So zitiert das SaW #8 eine Aussage aus dem Salzburger Fanzine Das Beste aus Salzburg. Es handelte sich um die Erstausgabe dieser Publikation, besprochen wurde ein WSC-Heimspiel vom 11. November 1990: „Die WSC-Fans waren asozial (Nur Linke!). Trotzdem ist der Sportclub die einzige Mannschaft aus Wien, mit deren Fans man normal reden kann."

In diesen konfrontativen Zeiten wurzelt das bis heute bestehende sozialpolitische Engagement der Friedhofstribüne. Ein erster Meilenstein auf diesem Weg wurde im SaW #10 angekündigt: „Am 6. Juni '92 veranstalten die SaW-Redaktionsmitglieder Kurti, Michi und Tina ein Open-Air-Konzert unter dem Motto ‚Fußballfans gegen Gewalt und Fremdenhaß' in der Wr. Arena (= Kulturzentrum im 3. Bezirk, Baumgasse 80). Es werden acht Bands verschiedenster Musikrichtungen auftreten und in den Umbaupausen werden wir Original-Fußballdressen verlosen. Eintrittspreis: ÖS 100.– (Vorverkauf ÖS 80.–). Der Reinerlös wird Projekten der Jugendarbeit und Flüchtlingshilfe zugutekommen. Nähere Infos folgen einige Wochen vor der Veranstaltung. Wir wollen mit diesem Konzert ein Zeichen gegen Gewalt und Ausländerfeindlichkeit setzen und beweisen, daß es auch ‚andere' Fußball-Fans gibt."

Das Konzert war wohl ein voller Erfolg, weitere sollten folgen. Aus heutiger Sicht sehr erstaunlich ist aber diese Entwicklung: Zeitweise wurde ernsthaft über einen Event unter der Bezeichnung „Fußballfans und Polizei gegen Gewalt und Fremdenhass" nachgedacht. Blicken wir noch einmal in das SaW, dieses Mal die Ausgabe #13. Dort lesen wir: „Die Sportclub-Anhänger der Friedhofstribüne haben zur Polizei in ihrem Heimstadion ein gutes Verhältnis. Das war nicht immer so. Behutsame Annäherung und Aufbringen gegenseitigen Verständnisses waren nötig, um den heutigen Zustand zu erreichen. Durch ein in der Kronenzeitung veröffentlichtes Schreiben von Oberleutnant Friedrich Kovar von der Sicherheitswache Hernals erlangte dieses kollegiale Miteinander von Fans und Polizei überregionale Bekanntheit.

Vor etwa einem halben Jahr kam von den Ordnungshütern die Idee, am Sportclub-Platz ein Freundschaftsspiel ‚Friedhofstribüne' vs ‚Sportclub-Polizei' zu veranstalten. Bei näherer Beschäftigung mit dem Thema entwickelten Vertreter von Polizei und Friedhofstribüne Pläne für ein Spiel in größerem Rahmen. Eingebettet in ein Rahmenprogramm sollte ein Benefizspiel der beiden Teams (verstärkt mit Ex-Internationalen) stattfinden. Der Reinerlös sollte zur Gründung eines Fonds zur Unterstützung von Hooligan-Opfern verwendet werden. In Anlehnung an das diesjährige Konzert sollte das Match unter dem Motto ‚Fußballfans und Polizei gegen Gewalt und Fremdenhaß' stattfinden."

Polizei gegen Gewalt? Eine durchaus belustigende Vorstellung. Vor allem, wenn man bedenkt, dass die FHT heute Aktionstage unterstützt, bei denen die Kennzeichnungspflicht von Polizist*innen bei Demonstrationen und Fußballspielen gefordert wird. Wegen der Gewalt eben. Doch auch unserem SaW-Autoren kamen schnell Zweifel ob der Sinnhaftigkeit des Projekts: „Warum ‚sollte'? Was ist gegen diese Veranstaltung einzuwenden? Noch vor wenigen Tagen hatte ich keine Bedenken, saß mit Friedrich Kovar und Alfred Pany (Bezirksjournal) im Kommissariat Hernals und arbeitete an Vorschlägen für das Rahmenprogramm. Doch zwei Vorfälle haben mich zum Umdenken bewegt:

An erster Stelle möchte ich den Polizei-Einsatz im Hanappi-Stadion beim Spiel Austria Wien vs FC Brügge nennen. Mit weit übertriebener Härte, um nicht zu sagen Brutalität, trat die Exekutive im Sektor Ost, dem Austria-Fan-Sektor, den Fans entgegen. Ich habe absolut keine Sympathie für Fanblocks, die Hooligans oder Faschos in ihren Reihen akzeptieren, aber auch diese Leute haben ein (Menschen-)Recht auf korrekte Behandlung. Wenn sich ein Jugendlicher von drei (!) Beamten (im Nahkampfanzug) anstandslos abführen lässt und dennoch mit der Faust ins Genick geschlagen und an den Haaren gerissen wird, wenn ein begeisterter junger Anhänger mit dem Schlagstock vom Zaun geprügelt wird oder ein Fan mit Gipshand von Exekutivorganen mißhandelt wird, dann kann man als Bürger nicht schweigen.

An zweiter Stelle möchte ich ein Erlebnis anführen, das ich – man höre und staune – im Kommissariat Hernals hatte. Ein Ausländer, der das Meldeamt aufsuchen wollte und mit den Öffnungszeiten nicht vertraut gewesen sein dürfte, wurde von einem Uniformierten wie der letzte Dreck behandelt, unhöflich, herablassend und natürlich per du.

Beide Phänomene – einerseits Gewaltanwendung, andererseits Ausländerfeindlichkeit – sind in unserer Gesellschaft traurige Realität. Den Polizisten vom Sportclub-Platz möchte ich Verfehlungen dieser Art nicht unterstellen, bitte aber um Verständnis, daß ich mir eine gemeinsame Veranstaltung von ‚Friedhofstribüne' und der Großorganisation Polizei ‚gegen Gewalt und Fremdenhaß' unter den gegebenen Voraussetzungen nicht mehr vorstellen kann. Natürlich sind mir die hier geäußerten Kritikpunkte nicht erst seit gestern bewußt, ich muß aber zugeben, daß mir die oben geschilderten Vorgänge die Diskrepanz zwischen Veranstaltungsmotto und ‚Wirklichkeit' erst so richtig vor Augen geführt haben. Gewalt und Fremdenhaß haben im Weltbild der überwiegenden Mehrheit der Frauen und Männer von der Friedhofstribüne keinen Platz und dementsprechend erwartet man dies auch von potentiellen Kooperationspartnern. Ob die Polizei ein solcher ist, möchte ich hier zur Diskussion stellen."

Dieser Kelch ging somit am WSC im Allgemeinen und der FHT im Besonderen vorüber.

Stattdessen jährte sich 2018 zum zehnten Mal der Ute Bock Cup. Dabei handelt es sich um ein Kleinfeldturnier, welches sich inzwischen in ganz Österreich großer Beliebtheit erfreut. Der Verein Ute Bock kümmert sich um die Betreuung von Flüchtlingen. Inzwischen steht er finanziell sehr stabil da, 2008 war das noch anders. Damals wurde erstmals ein Benefizturnier ausgerichtet, um dem Verein unter die Arme zu greifen und gleichzeitig die Ute Bock Shooters zu unterstützen. Dabei handelte es sich um ein Team von kickenden Flüchtlingen, die im Heim des Vereins Ute Bock wohnten.

Damals wie heute war eine rechtsradikale, schwarz-blaue Regierung im Amt. Der Ute Bock Cup war und ist für die FHT eine Möglichkeit, neben dem finanziellen Aspekt ihre Opposition zur fremdenfeindlichen Politik in Österreich und Europa zum Ausdruck zu bringen. „Nein zur Festung Europa" findet sich auf die eine oder andere Weise regelmäßig auf den Werbeplakaten für den Pokal.

Inzwischen hat der Ute Bock Cup weit über die Grenzen des WSC hinaus Bedeutung erlangt. Hunderte Menschen nehmen jedes Jahr teil, sei es als ehrenamtliche Helfer*in, Spieler*in oder Musiker*in. Der Ute Bock Cup ist FHT-Ethos als Großereignis. Alles wird ehrenamtlich organisiert. Wer in der einen oder anderen Form mitgearbeitet hat, spürt das nachher auch in den Knochen.

Schon längst werden nicht mehr die Aktivitäten des Vereins Ute Bock finanziert. Die Erlöse gehen nun an kleinere Initiativen, die das Geld dringender brauchen. 2018 waren das die Deserteurs- und Flüchtlingsberatung, Flucht nach Vorne und die Queer Base. 100.000 Euro kamen allein in den letzten drei Jahren zusammen. Ohne viel Aufhebens, ohne allzu großes Aufmerksamkeitsgeheische leisten die FHT und ihre Bündnispartner*innen hier eine Arbeit, die in der österreichischen Fußballwelt ihresgleichen sucht.

Ein Freitagabend im April, das Heimspiel ist geschlagen. Ein Salzburger Schiedsrichter hat mit seinen teils durchaus interessanten Entscheidungen einer beherzt aufspielenden schwarz-weißen Mannschaft zu einer 3:0-Niederlage verholfen. Das Stadion hat sich inzwischen geleert. Der Bierausschank auf der Friedhofstribüne hat schon lange die letzte Runde ausgerufen. Die Flutlichter sind ausgeschaltet. Von der Alszeile am Friedhof kommt Lärm, es zieht die Menschen dort noch auf ein Bier oder ins *Flag* unter der Friedhofstribüne.

Viele derer, die in den letzten zehn Jahren auf dem Sportclub-Platz sozialisiert worden sind, können sich einen Wiener Sport-Club ohne *Flag* gar nicht vorstellen. Wer das nötige Durchhaltevermögen hat, kann hier nach den Heimspielen bis in die Morgenstunden seine Zeit verbringen. Drei Räume, zwei Bars, eine davon mit DJ-Betrieb. Von drinnen wirkt es größer als von draußen. Liebevolle Wandgraffiti und allerlei mehr oder weniger offen erkennbare Andenken an vergangene Ereignisse machen die Gestaltung aus. Nach den Heimspielen trifft man hier Groundhopper und Fans aus Frankfurt, Innsbruck, von Tebe Berlin oder dem Roten Stern aus Leipzig, aus Winterthur, aus Wales, Italien und anderen Ländern. Einen derartigen Treffpunkt, an dem so viele Fußballfans unterschiedlichster Vereine zusammenkommen, gibt es sonst nicht in Österreich.

Das *Flag* existiert in einer Grauzone. Es besetzt quasi die ehemalige Hausmeisterwohnung am Sportclub-Platz, die viele Jahre lang leer stand. Im *Flag* gibt es Konzerte, es wird Theater gespielt und heftig diskutiert, wenn die Freund*innen der Friedhofstribüne hier ihre regelmäßigen Gruppentreffen abhalten. Es handelt sich um einen wichtigen, selbstverwalteten Kulturraum in einer mit diesen Dingen nicht eben reich gesegneten Stadt. Das *Flag* gehört weder der Stadt Wien noch irgendwelchen Funktionären. Es gehört den Fans des WSC und leistet Woche für Woche einen Beitrag zur Finanzierung des Vereins. Auf gewisse Weise spiegelt es die Vereinsphilosphie wider. Man muss selber anpacken, um etwas aufzubauen.

Und doch wird es nicht von allen gerne gesehen. Diverse Vereinspräsidenten haben schon mit finsterer Miene von der Alszeile zum *Flag* hinaufgeschaut. Sie wollten lieber einen klassischen VIP-Bereich, wie man ihn bei anderen Vereinen findet. Glücklicherweise hat sich diese Auffassung bislang nicht durchgesetzt. Derzeit laufen aber Diskussionen über eine Sanierung des Stadions. Der Bestand des *Flags* scheint jedoch gesichert und sogar eine Ausweitung der von Fans selbstverwalteten Räumlichkeiten ist im Gespräch.

An der Errichtung des *Flag* haben viele Menschen mitgewirkt und ihre handwerklichen Talente eingebracht. Hier liegt ein Stück ungeschriebene Geschichte des WSC und seiner Fankultur. Die Menschen, die das *Flag* gebaut haben, sind oft nicht diejenigen, die sich mit großen Ansagen oder Ähnlichem aufplustern.

Freitagabend also, die Flutlichter sind abgeschaltet und der Rasen schläft bereits im Dunkeln. Da sagt jemand neben mir: „Ich habe das *Flag* gebaut." Er spricht mit englisch-österreichischem Akzent. Aus London kommt er, ist eigentlich West Ham-Fan. „Ich war Elektriker. Im *Flag* habe ich die ganze Elektrik eingebaut. Die Wände habe ich gestrichen. Ich habe sehr viel gemacht." Ein einfacher Satz, fast schon lapidar. Doch wie viele Menschen können von sich behaupten, etwas Bleibendes geschaffen zu haben, was heute immer noch Menschen begeistert? „Siehst du", sagt er, „ich habe hier wirklich viele Menschen kennengelernt. Meine Frau habe ich hier am Platz kennengelernt. So viele Menschen." Eine kurze Pause. „Ohne diesen Scheiß-Verein wäre ich sicher nicht mehr in diesem Land und in dieser Stadt."

„Man kann alles, was man will. Man muß es nur wollen" lautet die Überschrift über einem selbstbewussten Text anlässlich der zehnten Ausgabe des Fanzines Schwarz auf Weiß. Die Redaktion zieht darin Bilanz ihres Schaffens.

„Die wichtigsten Utensilien der Fanzine-Urzeit waren eine klapprige Schreibmaschine, eine Tuschestift-Schablone für die Überschriften und eine Tube Klebstoff. Aus Zeitungen ausgeschnittene Berichte über Sportclub-Spiele ergänzte ich mit ein paar persönlichen Eindrücken, so daß man die beiden ersten Ausgaben als Saisonrückblicke, nicht jedoch als Fanzines bezeichnen muß.

Der wichtigste Schritt weg von den Zeitungsausschnitten hin zu eigenen Artikeln wurde im dritten Heft vollzogen. Die dramatischen Ereignisse rund um den ‚Teufelspakt' mit dem SK Rapid veranlaßten Herbie und Michi, beim Projekt ‚WSC-Magazin' einzusteigen. Damit war der Grundstein für ein Fanzine britischer Prägung gelegt.

Ab Heft Nr. IV hatten Schreibmaschine und Schablone ausgedient. Mit dem Einstieg von Tina, die seither für das Layout verantwortlich zeichnet, hielten Computer, Laserdrucker und Textverarbeitungsprogramme Einzug in den Fanzine-Alltag. (…) Im Lauf der Zeit erhielten wir immer mehr Artikel, die nicht aus der Redaktionsfeder stammten, und so konnten wir unserem Anspruch, ein Sprachrohr der Fans zu sein, gerecht werden. Mittlerweile sind wir bei einer Auflage von 800 Stück angelangt.

(…) Die Herausgabe des Magazins ist jedoch nicht die einzige Aktivität der Fanzine-Redaktion: Wir organisieren – zum Teil mehrtägige – Auswärtsfahrten, fertigen T-Shirts, Kappen und Nadeln an, gründeten und betreuen die Souvenirstände auf der Haupt- und Friedhofstribüne und unterstützen den WSC-Nachwuchs finanziell."

Für diesen Artikel zeichnet zwar die SaW-Redaktion als Kollektiv verantwortlich, jedoch dürfte er aus der Feder von Kurt Reichinger stammen. Er kann getrost als „Vater des SaW" bezeichnet werden. Seine Lebensgeschichte ist gleichzeitig ein gutes Stück Zeitgeschichte. Sie steht für die Entwicklung einer kritischen Fankultur in Österreich und am Sportclub-Platz.

„Aufgewachsen bin ich im Hernalser Nachbarbezirk Ottakring. In der Koppstraße bin ich zur Volksschule gegangen", erzählt er über seinen ersten Lebensabschnitt. „Zum WSC bin ich wie so oft durch väterliche Prägung gekommen. Ich bin schon im Kinderwagen am Platz gewesen. Im Alter von zwölf, dreizehn Jahren bin ich dann selbstständig und gemeinsam mit Freunden hingegangen. Man hat sich gegen Austria und Rapid verbündet. In den Siebzigerjahren habe ich mich schließlich einem sehr kleinen und überschaubaren Haufen hinter dem Tor angeschlossen.

Im Alter von sechzehn, siebzehn Jahren bin ich dann bei den ersten Auswärtsfahrten mitgefahren. Damals war der WSC in der ersten Division. Das waren Spiele gegen Sturm Graz, GAK und andere. Die Anhängervereinigung hat Schlachtenbummlerfahrten organisiert. Wie wir älter waren, sind wir auch mit Privatautos gefahren, wenn die Anhängervereinigung keinen Bus organisiert hat. Wir waren sehr wenige. Nur vier bis fünf Leute. Es gab damals immer wieder unliebsame Konfrontationen mit Idioten anderer Vereine und wir mussten mit geringer Zahl oft die Flucht ergreifen.

Diese kleine Gruppe von Fans war der Nukleus der späteren FHT. Mitte der Achtzigerjahre gab es immer mehr Hooligangeschichten bei den anderen Vereinen. Im Rapidanhang fanden sich immer mehr rechtsradikale Skins. Zu dieser Zeit gab es in Großbritannien einen positiven Umbruch in den Fanszenen, der vor allem durch die Entstehung der Fanzines befördert wurde. Die Fanzine-Kultur hat mich fasziniert. Sie ist in den Achtzigern explodiert. Das kam von den Grassroots, von unten. Plötzlich wurden die Vereinsvorstände von den Fans kritisiert."

Wie andere WSC-Fans auch zog es Kurt Reichinger auf Reisen nach Großbritannien, um dort eigene Erfahrungen zu sammeln: „Ich bin damals viel Interrail gefahren. Das war im Alter von neunzehn, zwanzig Jahren in den Achtzigern. Ich war in England, Schottland, Wales unterwegs und habe den Support dort kennengelernt. Man war nicht ‚Fan', sondern ‚Supporter'. Die Idee war: ‚Wir sind der Verein.' Das hat mich beeindruckt und mein Weltbild geprägt. In Österreich hat es das ja nicht gegeben. Da haben die Fans die eigenen Spieler ausgepfiffen. Ich habe nicht geglaubt, dass sich das hier etablieren lässt."

Die 1980er Jahre, das war die Zeit der DIY-Kultur. Kurt Reichinger brachte sie nach Dornbach: „Ich habe angefangen, Zeitungsausschnitte zu sammeln und habe sie eingeklebt. Das war damals alles noch ohne PC oder sonstige digitale Technik. Von der ersten Ausgabe gab es 25 Exemplare. Die wurden in der Firma kopiert und dann geheftet. Das hat total gut funktioniert. Beim nächsten Mal habe ich noch alles alleine geschrieben. Dann habe ich Freunde gebeten, auch was zu schreiben oder Comics zu zeichnen. Viele, die mitgemacht haben, waren jünger als ich. Die sind aus dem 17. Bezirk gekommen und in der Geblergasse zur Schule gegangen.

Schließlich kamen die Computer. Wir haben Desktop-Publishing gehabt. Die Copyshops kamen auf und plötzlich hatten wir ein Sprachrohr. Dadurch haben wir den Support etabliert. Wir haben das über viele Jahre in die Köpfe bringen müssen. Für den auf der FHT gelebten Support werden wir ja noch heute kritisiert. Wir sind ganz langsam weggekommen von ‚Bauernschweine'-Rufen, homophoben Dingen und so weiter. Das wurde durch ein glückliches Zusammentreffen einiger Faktoren möglich. Das war alles nicht am Reißbrett geplant, sondern hat sich so ergeben. Zu den besten Zeiten hatten wir eine 1000er-Auflage. Und das meiste davon haben wir auch verkauft.

Ich habe keine Ahnung, wem der Name FHT eingefallen ist. Jedenfalls hat die Polizei eines Tages gesagt: ‚Ihr brauchts ein Impressum.' Wir wollten unsere persönliche Adresse aber nicht hergeben, wir waren da auch noch kein Verein. Also haben wir ein Postfach als Kontakt angegeben. Damals war alles noch per Post. Wir haben das Fanzine handgetauscht und uns mit anderen Fanszenen vernetzt, zum Beispiel mit dem Millerntor Roar bei St. Pauli. So ergab sich auch Kontakt zu Sven Brux, der dort später Sicherheitsbeauftragter wurde."

Wer ein Sprachrohr hat, der will es auch nutzen. Glücklicherweise bietet der WSC regelmäßig Anlässe dafür: „Wir haben Vereinskritik geübt, zum Beispiel gegen die geplante Fusion mit Rapid. Als das damals im Raum stand, haben wir uns als junge Fans sehr ohnmächtig gefühlt. Die Anhängervereinigung hat auch dagegen gearbeitet. Das war ein Gegenwind aus einer damals noch unüblichen Richtung."

Das Fanzine war nur der Anfang. Wer den Sportclub-Platz kennt, der kennt vielleicht auch die kleine Garage unter der Friedhofstribüne. Heute wird dort öfters nach den Spielen Wein ausgeschenkt. Die Fundraiser von Dornbach Networks nutzten sie für ihre Weihnachtsfeier, als der Adventsmarkt samt WSC-Standl am Elterleinplatz einmal ausfiel. Reichinger und Gang nutzten sie für eigene Zwecke: „Ende der 1980er/1990er Jahre haben wir einen Fanladen in der Garage eröffnet. Dort haben wir FHT-Artikel verkauft. Auch das war etwas völlig Neues. Früher, in den Siebzigern, Achtzigern, war das alles ja ganz anders. Es gab keine Fanartikel. Den Schal hat die Mama gestrickt. Wir haben dann T-Shirts gedruckt mit Slogans wie: Abstieg – ich war dabei. Die haben reißenden Absatz gefunden. Es gab nichts Vergleichbares. Wir haben die T-Shirts bedruckt, schließlich ist auch das Siebdruckverfahren aufgekommen. Mit den Profiten haben wir den Verein gesponsert. Das war der Anfang von dem, was in der Fanszene heute noch passiert: Ein verlässlicher, finanzieller Rückhalt für den Verein. Der war auch wirklich nötig. Der Nachwuchs hat damals teilweise in zerrissenen Hosen gespielt."

Neben den Initiativen zur Unterstützung des Vereins ging es den jungen FHTler*innen schnell um mehr: „Es ging von Anfang an um Haltung und um Selbstregulierung. Die Leute, die wir nicht wollten, haben wir vertrieben. Ein Publikum wurde angezogen, ein anderes vertrieben. Heute wird dem WSC-Anhang gerne pauschal vorgeworfen, dass Politik zu stark ins Stadion getragen wird. Das sehe ich nicht so. Vereine müssen für Haltungen und Werte Verantwortung entwickeln. So sind Initiativen entstanden. Wir haben Soli-Aktionen für Flüchtlinge gemacht. Ned nur deppert reden – tun wir was! Das war unsere Auffassung damals.

Auch was die Beziehung zur Mannschaft angeht, hat sich damals viel geändert. Die Spieler haben die Fans anfangs keines Blickes gewürdigt. Wir haben Interviews mit den Spielern gemacht und sind dann etwas ernster genommen worden. Irgendwann haben auch die Trainer zu den Spielern gesagt: ‚Geht zu den Fans.' Das waren damals noch gut bezahlte Kicker und Legionäre aus dem Ausland. Das war nicht so wie heute.

Diese Zeit ist in meinem Kopf immer noch drin. Meine ernstzunehmenden Gegner sind Sturm, Wacker und so weiter. Dass wir heute nach Neusiedl fahren, ist mir immer noch fremd. Das ist wirklich eine Bruchlinie in unserem Anhang zwischen den Generationen."

Das Fandasein hatte auch für Kurt Reichinger seine Höhen und Tiefen. „Zwischenzeitlich war ich beim WSC nicht mehr so aktiv. Mein Studium hat lange Jahre unter meiner Tätigkeit in der FHT und für das SaW gelitten. Der Zwangsabstieg aus der 1. Liga in die Regionalliga war für mich ein Anlass dafür, dass ich ein paar Jahre nicht mehr da war. Hinzu kamen die Familie und der Beruf. Andere Dinge wurden wichtiger in meinem Leben. Ich war beim WSC sehr exponiert. Ich hätte es nicht zusammengebracht, in die zweite oder dritte Reihe zurückzugehen. Ganz oder gar nicht. Ich habe deshalb auch die Wiener Liga-Jahre nicht so erlebt.

Nach meiner Pause bin ich in die Anhängervereinigung gegangen. Die haben nach dem Tod meines Vorgängers einen Nachfolger für den Vorsitz gesucht. Das hat mich wieder gereizt. Es gibt bei der Anhängervereinigung eine gewisse Altersthematik. Wir haben zwar viele zahlende Mitglieder, die werden aber nicht sichtbar. Die sichtbaren sind über siebzig Jahre alt. Man muss sich ein attraktives Programm überlegen, um das zu beleben. Das ist aber nicht so einfach. Wen lädt man zu den Veranstaltungen ein? Wenn die Leute mit dem Trainer reden wollen, reden sie ihn halt nach dem Spiel auf der Alszeile an. Aber bei der FHT hakt es auch ein bisschen. Da sitzen auch seit vielen Jahren dieselben Leute herum. Ich bin auf der Suche, wie man etwas Neues aufsetzen kann."

Vom Potenzial der Fanszene ist Reichinger aber grundsätzlich überzeugt. Das zeigt ihm die Geschichte der vergangenen schweren Jahre. „Wir waren fünfzehn Jahre alt, wie wir angefangen haben zum Sport-Club zu gehen. Jetzt sind wir fünfundfünfzig und gehen immer noch hin. Da muss was passen. Viele von uns sind in den letzten zwanzig Jahren in den Verein hineingewachsen, sind Teil von Vorständen und Präsidium. Der Anhang ist in dieser Hinsicht ein Reservoir für den Verein. Die Rückführung des letzten Jahres ist zu 90 Prozent den Fans zu verdanken.

Die Trennung zwischen WSC und WSK war ja im Jahr 2001. Die Fans sind nach all den Rückschlägen drangeblieben. Wenn Personen von der Thematik erschöpft waren, kamen andere mit frischer Energie. Das Crowdfunding hat innerhalb weniger Wochen 120.000 Euro eingespielt. Das waren große Summen. Da hat man zu Hause drüber reden müssen, bevor man da eingezahlt hat. Das sieht man auch bei der Anhängervereinigung. Das sind keine begüterten Menschen, das sind einfache Leute, die enorme Summen gezahlt haben. Daran sieht man, dass der Verein bei den Menschen immer noch etwas auslöst. Das ist etwas sehr Verbindendes.

Als ältere Fans stehen wir in der Verantwortung. Wir passen auf den Verein auf, damit wir ihn an die nächste Generation weitergeben können. Es geht heute auch darum, wirtschaftliche Vernetzungen zu schaffen, damit ein Aufstieg nicht völlig unmöglich ist."

Ein Phänomen der WSK-Jahre war der wachsende Anteil eines Hipster-Partypublikums am Sportclub-Platz. Dieses Publikum hatte eine kurze Hochphase so um 2010. Auch wegen dieser Leute konnte der WSC in schwerer Zeit einen recht hohen Zuschauerschnitt halten. Als 2017 die Rückführung des WSK in den WSC in trockenen Tüchern war, hofften manche auf ein weiteres Publikumswachstum. Das Gegenteil war der Fall. Für den Verein hagelte es in der Hinrunde eine Niederlage nach der anderen, der Zuschauerschnitt brach von 1.200 pro Spiel auf 900 Besucher*innen ein.

„Mir ist das Spiel sehr wichtig", sagt Kurt Reichinger. „Es ist mir wirklich nicht egal, wie die da unten am Platz spielen. Da ärger ich mich. Der Anteil der Party-People geht auch zurück. Wenn es nur Niederlagen gibt, macht auch die Party keinen Spaß mehr. Der Verein ist in den letzten Jahren ein ‚hipper' Ort geworden, um den Freitagabend zu verbringen. In diesem Herbst ist das weniger geworden. Nach der Rückführung ist die Luft raus. Man fällt in ein Loch. Das Momentum wurde nicht genutzt, viele waren ausge-

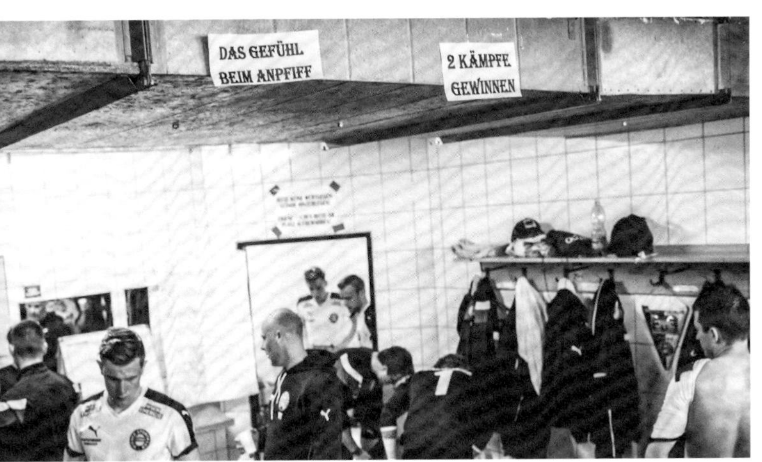


Blick in die Umkleidekabine der Spieler samt aufgehängten Motivationssprüchen. Gebracht hat's in den letzten Jahren eher wenig. Zur Winterpause 2018/19 steht der WSC aber auf einem einstelligen Tabellenplatz.

laugt und wollten einfach mal eine Saison lang nur das Spiel sehen. Gleichzeitig hat sich aber gerade auf der FHT ein stabiler harter Kern etabliert."

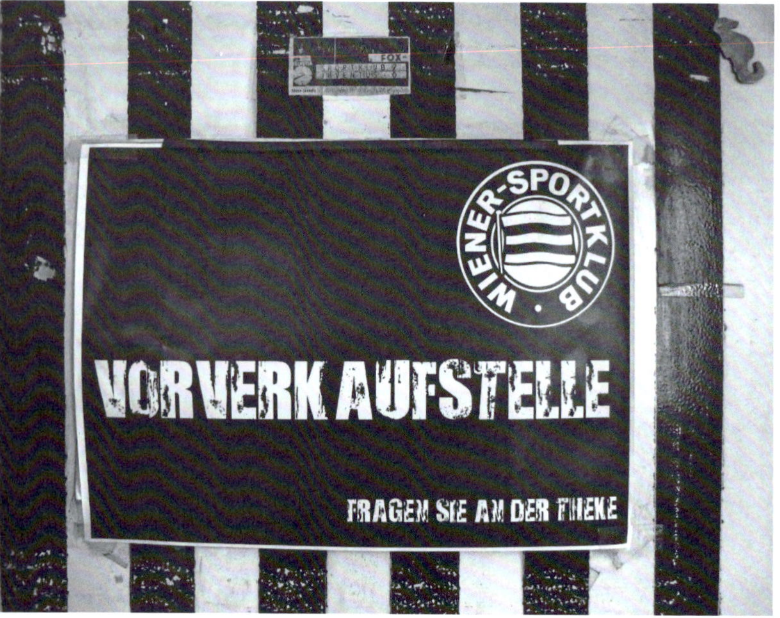


Heute kann man seine Vorverkaufskarten im Bierlokal seines Vertrauens abholen. Dieses Schild hängt im eng mit dem WSC verbundenen Lokal Brandstetter.

Wir schreiben das Jahr 2008. Präsident Herbert Dvoracek verkündet im WSC-Onlineforum seinen Rücktritt. Im Juni 2008 übernimmt der bekannte Diskjockey Udo Huber dieses Amt und einen völlig überteuerten Spielerkader. Huber war unter Dvoracek bereits Vizepräsident. Zu diesem Zeitpunkt wird der Fußball in Hernals schon seit einigen Jahren unter dem Dach des WSK geführt.

2008 machte das im Rahmen von Auswärtsspielen verteilte Fanzine FHT on Tour ein Interview mit Udo Huber. Schon damals ging es um einen Stadionumbau, dessen Planung „im vollen Gange" sei. El Presidente sagte dazu unter anderem: „Das Wichtigste ist die Friedhofstribüne, ganz einfach wegen dem Kabinentrakt, wo Wasser von oben, unten, Seite – also von überall herkommt. Natürlich müssen wir aufpassen, dass der Gesamtumbau sehr behutsam passiert (…). Die Stadt sagt überall: Mehrwert, Mehrwert. Wir haben keinen Mehrwert, wir können keine Tennisplätze bauen, wir können nichts anderes als ein Fußballstadion. Der einzige Mehrwert von einem Fußballstadion kann sein, dass mehr Fußball gespielt wird."

Inzwischen schreiben wir das Jahr 2018 und die Stadionsanierung ist immer noch eine Karotte, die am Horizont baumelt. Allerdings könnte es bald tatsächlich soweit sein. (Wenn es nicht wieder irgendwo hakt, weil es beim WSC immer irgendwo hakt.) Es gibt konkrete Pläne und von der Stadt Wien wurde auch Geld zugesagt. Bis dahin war es aber eine lange Durststrecke. Zwischenzeitlich plante die Stadtregierung mit dem Bau von Wohnungen auf dem Sportclubplatz. Dieses Schicksal konnte nach derzeitigem Stand der Dinge abgewehrt werden.

Neben dem Thema Stadionsanierung war der Komplex „Rückführung des WSK in den WSC" das dominierende Fanthema schlechthin während der Ära Udo Huber. Bei beiden Themen ging viele Jahre nur wenig bis gar nichts voran. Einerseits gab es immer wieder leere Ankündigungen und Versprechungen, andererseits krachte es intern gehörig im Gebälk. Hier ein Auszug aus einem Beitrag von Markus Roser, erschienen 2014 im Fanzine Friedhofstribüne on Tour: „Die interne Kommunikations- und Personalpolitik des WSK ist weitgehend auf einem Tiefpunkt angelangt. Eigene, verdienstvolle Mitarbeiter des Vereins werden per

Lautsprecherdurchsage über ihre Kündigung in Kenntnis gesetzt oder müssen nach vielen Jahren aufopfernder Arbeit auf Wunsch des neuen Trainers gehen. Transparenz und Offenheit gegenüber Funktionären, Mitgliedern und Anhängern ist und bleibt eine Illusion. ‚Dem Fußballfan ist die Wahrheit nicht zumutbar' scheint das hartnäckige Dogma des Präsidiums zu sein. Vor allem dann, wenn es um budgetäre Fragen geht."

Die wirkliche Eskalation fand im April 2013 statt. Verschiedene Akteure im schwarz-weißen Universum spürten deutlich, dass es so nicht mehr weitergehen konnte. Während Christian Hetterich von Dornbach Networks einen eigenen Brandbrief verschickte, schrieben die Freund*innen der Friedhofstribüne am 12. April 2013 schlicht: „Es reicht." Warum? „Das Präsidium des Wiener SK gefährdet die Zukunft von mehr als 200 Nachwuchsfußballer*innen sowie die weitere Existenz des ältesten Fußballplatzes Österreichs, vor allem durch das Fehlen einer vorausschauenden, nachhaltigen Budgetpolitik. Das Präsidium des Wiener SK hat es nicht geschafft, ein langfristiges sportliches Konzept zu entwickeln, das beim Nachwuchs beginnt und bei der Kampfmannschaft endet. Insofern ist das Präsidium maßgeblich für die momentane sportliche Misere verantwortlich."

Beim nächsten Heimspiel gegen Stegersbach wurde auf der FHT ein Transparent mit dem Slogan PRÄSIDIUM RAUS gezeigt. Präsident Udo Huber ließ sich nicht lange bitten und schmiss nur wenige Tage später hin. „Da ist einfach kein Vertrauen mehr vorhanden und auch die psychische Belastung kann und will ich mir nicht mehr antun", schrieb er in einer Stellungnahme. „Der Ordnung halber möchte ich noch darauf aufmerksam machen, dass genau ab jetzt bis Juni die sensibelste Zeit im Fußball ist. (…) Eventuelle Neuzugänge gehören engagiert, bestehende Verträge verlängert, (…). Ohne Häme hoffe ich, dass es dafür, wie in vielen Postings oft angekündigt, tatsächlich die geeigneten Personen im Hintergrund gibt. Dass mein Rücktritt den erhofften Aufschwung bewirkt."

Einer, der sich damals Gedanken über das Geschehen machte, ist Sebastian Schönbauer. Im FHT on Tour #18 schrieb er: „Ich bin keiner derjenigen, die Teil der Mannschaft gegen Juve waren, ich war nicht mal im Stadion dabei, eigentlich bin ich erst seit 2003 FHT-Mitglied – doch so schlimm wie in diesen Tagen, so trostlos, so depressiv hatte ich das Umfeld noch nie erlebt."

Trotz dieser miesen Ausgangslage ist sein Artikel von einem Blick nach vorne geprägt. Schönbauer fordert eine Neuausrichtung des Vereins, die von größerem Respekt für die zahlreichen hier aktiven Ehrenamtlichen geprägt sein müsse. Die Wiedervereinigung von WSC und WSK hält er dabei für unabdingbar: „Klar ist: Es wird nicht leicht. Klar ist aber auch, dass es wieder zu einem Miteinander in Dornbach kommen MUSS. C und K müssen zusammenfinden. Egal, wie immer man zur Rückführung stehen mag, die Reibungsverluste, die dieses Thema immer wieder verursacht hat, müssen abgestellt werden. Ich bin klar für die Rückführung. Nicht weil sie auf wundersame Weise alle Probleme löst, sondern weil es wichtig ist, dass die Übergangslösung WSK auch das Wesen einer Übergangslösung erfüllt: nämlich eben den Übergang, sprich: ein Ende der Zwischenlösung und einen Neuanfang. Am Sportclub-Platz soll auch wieder der WSC spielen, da war er zuhaus, da soll er wieder zuhause sein."

Sebastian Schönbauer gehört zu einer Generation von Fans, die Anfang/Mitte der 2000er Jahre zum damaligen WSK stießen. Viele dieser Fans kommen ursprünglich aus anderen Teilen Österreichs oder dem Ausland. Und doch haben sie in Dornbach ein emotionales Zuhause gefunden. „Das Umfeld beim Sportklub war ein anderes. Nicht so wie bei meinem Heimatverein SV Ried. Da werden immer noch Sachen geschrien wie ‚schwule Sau' und so weiter."

Wie oben beschrieben, waren es stürmische und bittere Zeiten, die der Verein damals durchlief. Schönbauer wollte dem nicht als passiver Beobachter gegenüberstehen. „Am Anfang war es mir noch nicht so wichtig, mich zu beteiligen", erzählt er. „Ich habe dann aber schnell gemerkt, dass Einsatz gefordert ist. Und zwar an allen Ecken und Enden. Wir haben nach den Spielen die Tribünen geputzt, um dem Verein Geld zu sparen. Ich wollte mich wirklich involvieren und nicht mehr abseits stehen.

Eine Zeit lang habe ich mich beim *Flag* eingebracht. Da ist immer viel zu tun. Es gehört geputzt, Bestellungen müssen aufgegeben werden, man muss Bardienste aufstellen und das *Flag* betriebsbereit machen. Der Einkauf gehört auch dazu." Der damit verbundene Zeitaufwand hat es in sich. „Ich war spieltags ab Mittag am Spielfeld. Zehn Stunden pro Woche bin ich am Spielfeld gewesen. Zwei bis drei Stunden mussten wir putzen. Es hat immer furchtbar ausgeschaut. Alles hat gepickt. Weil wir ja selber freitags nach den Spielen dort Party gemacht haben, haben wir erst vier bis fünf Tage später gereinigt. Da war das noch in halbleeren Bechern herumstehende Bier natürlich abgestanden. Man gewöhnt sich da nicht dran. Das ist so in Kotze-Qualität."

Später übernahm er Verantwortung für die FHT-Finanzen: „Ich war der zweite Kassier der FHT, habe öfters Geld zur Bank gebracht. Das braucht vertrauenswürdige Leute. Das war auch nicht immer der Fall, wie das bei Vereinen halt so ist. Nicht immer sind die Leute, die die meiste Zeit haben, auch die Vertrauenswürdigsten. Ein Fußballverein zieht auch lustige Charaktere an."

Das ist die andere Seite der 2000er Jahre. Der Verein konnte tatsächlich neue Fans gewinnen und somit die Reihen füllen. Vor allem, weil zu diesem Zeitpunkt so manche altgedienten FHT-Aktivist*innen neue Aufgaben entdeckten. Das ging auch an Leuten wie Sebastian Schönbauer nicht vorbei: „Es hat einen Generationenwechsel gegeben. Kurt Reichinger wechselte zur Anhängervereinigung, Wolfi Raml gründete eine eigene Sektion im Verein. Die Fechtsektion des WSC ist ja schon von Beginn an dabei. Alle anderen derzeit existierenden Sektionen sind Neugründungen aus dem Lager der Fußballfans heraus. Den Leuten, die das gemacht haben, war das dann teilweise genug. Es ist ja auch ein administrativer Aufwand, eine Vereinssektion zu leiten.

Aber auch bei der FHT hat sich einiges getan. In den Jahren 2008 und 2009 waren bei den FHT-Treffen acht bis neun Leute. Inzwischen sind es wesentlich mehr, öfters zwischen zwanzig und dreißig. Und spätestens seit 2007 ist zu beobachten, dass auf der Haupttribüne immer weniger Leute stehen, während es auf der FHT immer mehr werden. Viele jüngere Leute sind dazugekommen, arbeiten mit und engagieren sich.

Die Rückführung der Fußballsektion in den WSC war wirklich das Hauptthema. Das merkt man, wenn man lange dabei ist. Sie ist immer wieder am Geld und an persönlichen Befindlichkeiten gescheitert. Die FHT ist immer drangeblieben. Als Bindeglied, damit beide Vereine überhaupt weitermachen können. Jetzt, wo die Rückführung gelungen ist, läuft alles nebenher. Man wird halt nicht so schnell zu einer großen Familie."

Auch daran sind bestimmte Entscheidungen der Vergangenheit nicht ganz unschuldig. Sebastian Schönbauer meint: „In den Achtzigerjahren wurde ja das Vereinsheim in der Rötzergasse verkauft. Das war ein wirklich protziges Heim, der WSC war ja ursprünglich ein bürgerlicher Verein. Aber den Verlust des Hauses als gesellschaftliches Zentrum hat er nicht verhoben. Da ging es nur um das kurzfristige Geld, nicht um die Nachhaltigkeit. Mit dem geplanten Stadionneubau kommt das verbindende Element hoffentlich wieder. Vielleicht kann man da auch was für die Community im Viertel machen, eventuell eine Fahrradwerkstatt reinbauen? Der Sportclub-Platz ist für mich wirklich das wesentliche Identifikationsmerkmal des Vereines. Der WSC hat auch sonst große Bezugspunkte im Grätzel, die man intensivieren könnte. Derzeit hat aber keiner die Kraft oder die Zeit dazu.

In den nächsten Jahren gibt es bei uns hoffentlich eine finanzielle und sportliche Stabilisierung. Als FHT wollen wir uns wieder mehr auf Fandinge konzentrieren und nicht immer nur Geld sammeln. Der Verein soll mehr so werden, wie die Fans schon sind, wieder zusammenwachsen und sich öffnen. Einfach geht bei uns aber nix. Fan sein heißt, engagiert sein. Ohne Fans gäbe es den Verein seit den Neunzigerjahren nicht mehr. Das unterscheidet uns von den anderen Vereinen.“

**"Come togehter - Initiative zur Rückführung des WSK in den WSC"**

**<u>Heimspiel vs. Ostbahn XI von der 'Blauen' !</u>**

**Jm gemeinsam und somit gestärkt unsere Anliegen auszudrücken,**
**itten wir euch ALLE, den folgenden Ablauf einzuhalten:**

* Kein Auftrittsapplaus!
* 15 Minuten lang ab Anpfiff Stille; kein Applaus, kein Gesang, kein Torjubel
* 16. Spielminute: "Dornbacher-Buam" (Wolfi singt an);
  Danach "ONE Wiener Sportclub" -
  zeitgleich Enthüllung unseres Transparents
* ab nun Support, Stimmung, Party...

ehplatz-Abo-Karten-Besitzer ersuchen wir an dieser Stelle nochmals,
2 Euro (ersparter Aufpreis) in die bereitsgestellte Spendenbox des WSK zu werfen.

**Vielen Dank für Eure Unterstützung und Kooperation!**

Mit diesem Flyer mobilisierte die FHT zu einer Protestaktion um die Rückführung des WSK in den WSC zu fordern.

Nachts an einem Samstag im November 2012, oder war es eigentlich schon Sonntag? Ich weiß es nicht mehr genau. Normalerweise liegt die S-Bahnstation Hernals zu diesem Zeitpunkt relativ beschaulich da. Restdüfte von Kebabfett liegen in der Luft, der eine oder andere Betrunkene ist auf dem einsamen Heimweg. Nicht so in dieser Nacht. „Kuba-, Kuba-, Kuba-, Kubanek" schallt es aus hunderten schwarz-weißer Kehlen. Lautstarke Fußballfans drängen sich auf den dunklen Stiegen der Bahnstation.

Jetzt fragen vielleicht manche, was macht der Sportclub-Anhang samstagnachts in einer S-Bahnstation und was soll dieses Kubanek-Geschrei überhaupt? Tatsächlich hat der WSC mit der an die S-Bahnstation angeschlossenen Vorortelinie eine lange, lange Geschichte. Die Annalen berichten von wilden Auswärtsfahrten des Dornbacher Publikums in den 1920er Jahren nach Hütteldorf oder Heiligenstadt. Damals kam manchmal der Bahnverkehr zum Erliegen, weil sich tausende zu den Auswärtsspielen auf den Weg machten.

Auch heute fährt man manchmal gerne Zug. Zum Erliegen kommt deswegen aber schon lange nichts mehr. Trotzdem machen sich vom Hernalser Bahnsteig doch öfters mal zwischen 20 und

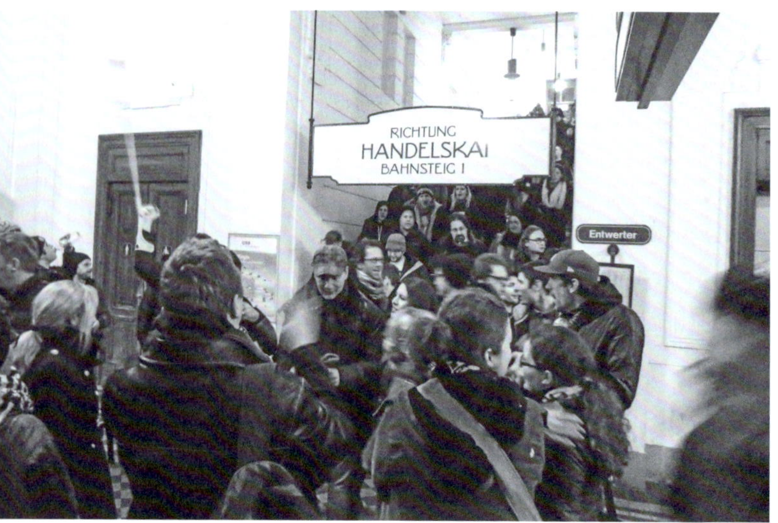


Zurück von der Sonderzugfahrt nach Oberwart; der WSC-Anhang zu sehr später Stunde in der S-Bahnstation Hernals.

60 Leute auf den Weg zu einer gemeinsamen Reise zu den Wiener Schauplätzen der Regionalliga Ost. Bei der Auswärtsfahrt nach Oberwart am 3. November 2012 stieg diese Zahl sprunghaft auf über 400 Mitfahrende an. Dafür ist zu einem großen Teil der damalige Reiseleiter Markus Kubanek verantwortlich.

„Reiseleitung" – das ist so eine Dornbacher Spezialvokabel. Gebräuchlich wurde sie in den 1950er Jahren, als die Anhängervereinigung, der erste und bis heute existierende WSC-Fanklub, anfing, „Schlachtenbummlerfahrten" zu den Auswärtsspielen zu organisieren. Die Anhängervereinigung fuhr nicht nur zu Fußballspielen nach Innsbruck, Graz oder Linz, sondern auch gemeinsam in den Urlaub. Und für all das brauchte es eine Reiseleitung.

Die Reiseleitung kümmert sich bis heute um die Organisation der Auswärtsfahrten. Dabei ist egal, ob es sich bei „Auswärts" um das Wiener Stadtgebiet oder um solch klangvolle Ziele wie Horn handelt. Apropos Horn. Für eine Saisonabschlussfahrt in den 6.600 Einwohner*innen zählenden Ort im November 2008 organisierte Reiseleiter Markus Kubanek drei volle Reisebusse mit 200 Mitfahrenden. Da waren die PKW nicht mitgerechnet, wie im Blog der Anhängervereinigung nachzulesen ist.

Der WSC war, gemessen an seiner Größe, schon immer ein auswärtsstarker Verein. Beim Spiel Bruck an der Leitha gegen den WSC am 2. April 2017 waren von den 550 durch die örtliche Rockergang gut bewachten Zuschauer*innen sicherlich um die 150 vom WSC. Übrigens verlieren Motorradrocker einiges an Bedrohlichkeit, wenn sie einem zur Begrüßung ein im breiten niederösterreichischen Dialekt dargebotenes „Griaß Euch!" entgegenwerfen.

Inzwischen ist die Reiseleitung auf die Freund*innen der Friedhofstribüne übergegangen. Die Tradition wird aber immer noch so pflichtschuldig gelebt wie in vergangenen Jahrzehnten.

Am 2. November 2012 stieg das Auswärtsspiel gegen Oberwart. Oberwart ist eine südburgenländische Stadt mit knapp 7.000 Einwohnern in der Nähe der ungarischen Grenze. Schon im August desselben Jahres begann es bei Reiseleiter Markus Kubanek zu kribbeln. In einem Aufruf an die WSC-Fans outete er sich erst einmal als leidenschaftlicher Eisenbahnfan. Den Trip nach Oberwart nutzte er für eine detaillierte Kritik am zunehmenden Rückzug der Österreichischen Bundesbahnen aus der Fläche. Oberwart ist seit

2011 nicht mehr per Bahn zu erreichen. Der Bahnhof wurde „aus Kostengründen" stillgelegt.

Der Reiseleiter hielt dagegen: „Eigentlich müssten derartige Tendenzen als Teufelsspirale bezeichnet werden, da ganze Landstriche ihrer Mobilität und Infrastruktur beraubt werden. Insofern ist die sogenannte Abwanderung aus vielen Regionen (Bahn weg, Bus weg, Schule weg, Wirtshaus weg) mit einer damit in Zusammenhang stehende Bevölkerungsdichtereduktion nicht weiter verwunderlich, da hausgemacht."

Somit lernte der gemeine Sportclub-Fan: Ein Sonderzug, das ist Protestsaufen gegen Streckenstilllegungen. Oder, in den Worten von Markus Kubanek: „Es gibt keine Alternative, daher: Pro Bahn!!! Sowohl im Personen- als auch im Güterverkehr." Den ganzen Sommer hindurch werkelte die Reiseleitung an dem durchaus gewagten Plan. Ein Sonderzug organisiert sich nicht einfach so von selbst. Sicher standen auch Zweifel im Raum: Würden genug Leute mitfahren wollen?

Sie wollten. Die Reiseleitung sprach im Vorfeld schon von einer Fahrt mit „legendären Zügen" (ahem). Man werde sich zwar später

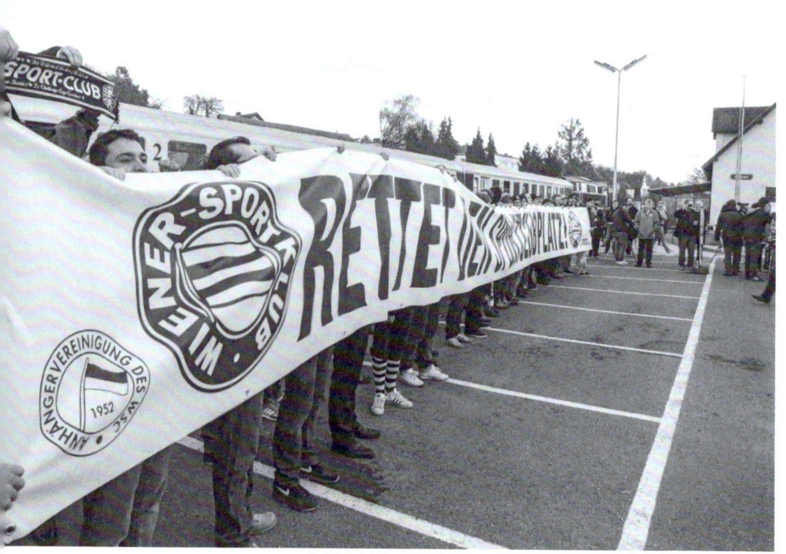


Das Fronttransparent vor dem Fan-Marsch Richtung Stadion Oberwart. Gefordert wird die Stadionsanierung.

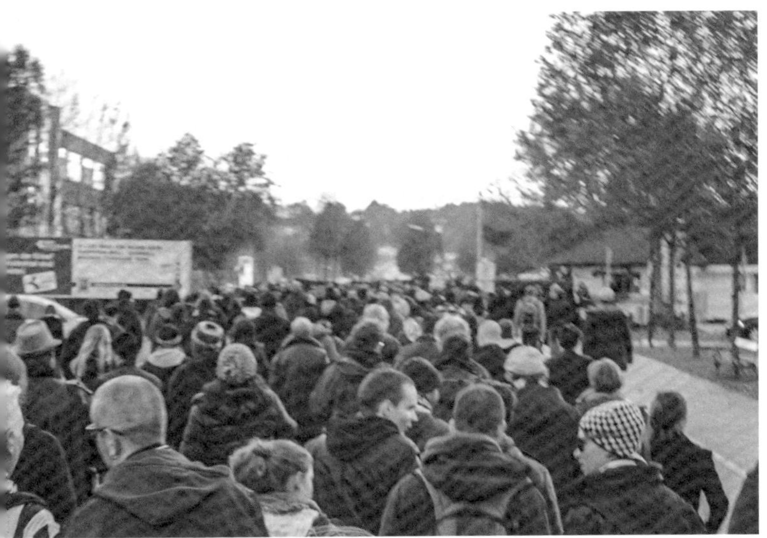

Fanmarsch durch Oberwart.

nicht mehr an alles erinnern können, aber dennoch den Enkelkindern mit leuchtenden Augen davon berichten. So war es denn auch.

Frühmorgendliche Herausforderungen wie das gemeinsame Einsteigen wurden hervorragend gemeistert. Das ist kein Witz, 400 Leute drängten sich auf dem eigentlich zu kleinen Bahnsteig und hatten dann nur zwei bis drei Minuten Zeit, um den Sonderzug nach seiner Einfahrt in den Bahnhof zu erklimmen. Er war in das Intervall zwischen zwei S-Bahnen getaktet. Schnell rein, schnell raus war die Devise.

In Oberwart gab es einen gemeinsamen Marsch zum Fußballplatz. Rettet den Sportclub-Platz war das Motto des Tages. Die große Beteiligung an der Fahrt war umso bemerkenswerter, als der Verein gerade wieder einmal am Abgrund zu schaukeln schien. Weder in Sachen Rückführung oder Stadionsanierung ging damals etwas voran. Sportlich lief es auch bescheiden.

In einer Glosse für das Auswärtsfahrer-Fanzine Friedhofstribüne on Tour fasste Nicolas Schremms die Stimmung unter den Fans aus seiner Sicht so zusammen: „Es funkt halt ned. Und wie ich auch nach dem Ländermatch gegen Deutschland angemerkt habe, warum, is wurscht, und Schönheitspreis brauch ma keinen.

Soll also heißen, um das mal gesamt zu betrachten: Die Zusammenführung funkt NICHT, das Stadion sanieren funkt NICHT und die Mannschaft spielt schlecht, also sportlich funkts auch NICHT (um diese schöne NICHT Reihe ned kaputt zu machen). Gut, das mit dem Sanieren is ned so wirklich in der Hand des Vereins, aber es passt halt grad irgendwie dazu. Das einzige, woran der Verein (oder die Vereine, weil auch ‚den C' betrifft das ja) erfolgreich arbeitet, ist es, Leute los zu werden."

Das war die aufmunternde Lektüre für die Hinfahrt. Für die Rückfahrt gab es den Discowagen, um die Sorgen zu ertränken. Die waren da eh schon längst Geschichte, zu gut gelaunt hatte sich der schwarz-weiße Fanblock in Oberwart präsentiert. Ohne einen Markus Kubanek hätte es das alles nicht gegeben. Der trat übrigens mit Ende dieser Auswärtsfahrt seinen Ruhestand als Reiseleiter an, auch wenn er der Fanszene und dem Verein in anderen Funktionen weiter erhalten blieb (und 2018 wieder eine Auswärtsfahrt zum ÖFB-Pokal-Viertelfinale der Frauen organisiert hat). Die Kubanek-Gesänge nach der nächtlichen Ankunft in Hernals waren mehr als verdient.

Wir schreiben das Jahr 2017 und im schwarz-weißen Universum wird wieder einmal Geld gesammelt. Durch eine Crowdfunding- und Spendensammelkampagne soll der Verein schuldenfrei werden. Man will klar Schiff machen für die Rückkehr der Fußballsektion in den Gesamtverein. FHT und Anhängervereinigung ziehen für dieses Ziel an einem gemeinsamen Strang. Innerhalb weniger Wochen werden auf einer Crowdfunding-Plattform 76.000 Euro zugesagt. Die Zielvorgabe war 60.000 Euro. Die FHT spendet 10.000 Euro und die Anhängervereinigung 24.000 Euro. Einen wichtigen Anteil am Erfolg der Kampagne hatten Stefanie Gunzy und Marcel Ludwig, ohne deren Koordination das Crowdfunding vielleicht nicht in dieser Form funktioniert hätte. Auch die jahrelange Arbeit von Martin Rossbacher muss hier gewürdigt werden. In seiner Zeit als Obmann der FHT setzte er sich unermüdlich und gegen zahlreiche Widerstände für die Rückführung des WSK in den WSC ein.

Damit entstand ein in dieser Form noch nicht dagewesener Druck auf die Hierarchien von WSC und WSK, in Sachen Rückführung in die Gänge zu kommen. Die Zeit drängte, denn die Übereinkunft zwischen beiden Vereinen über die Namensrechtenutzung drohte in Kürze auszulaufen beziehungsweise war sogar schon einmal knapp vor Ablauf der Frist verlängert worden. Aber es hakte auch hier wieder. Zeitweise sah es so aus, als ob die Rückführung in letzter Sekunde scheitern würde.

Am 25. Mai 2017 veröffentlichte die FHT-Homepage eine persönliche Einschätzung von Martin Orner, der sich unter anderem um die Ausarbeitung der Sanierungspläne für das Sportclub-Stadion verdient gemacht hat. In seinem Text zeichnet er ein wenig optimistisches Bild: „Es ist natürlich leider richtig, dass sehr, sehr spät informiert wurde, so dass wenig Zeit bleibt, die Dinge seriös zu diskutieren und eine Entscheidungsgrundlage zu finden. (…) Einerseits sind überall ehrenamtliche Leute am Werk, die den ganzen Tag eigentlich andere Dinge zu tun haben, als einen semiprofessionellen Fußballverein mit einem Gesamtbudget von rund einer Million neu zu organisieren, den Übergang des gesamten Betriebs in einen anderen Verein in allen rechtlichen und wirtschaftlichen Aspekten zu planen und einen Sponsor- bzw Kooperationsvertrag auszuhandeln. Wer so etwas noch nie gemacht hat, unterschätzt sehr leicht, welcher Aufwand da dahintersteckt.

Außerdem ist es ja wirklich nicht so, dass dabei von allen Beteiligten unterstützt wurde. Teilweise im Gegenteil. So manche Funktionäre haben massiv dagegen gearbeitet. Ich selbst war nur in der letzten Phase involviert, ich war sehr erstaunt darüber, welcher Widerstand von einzelnen Personen geleistet wurde. Mich hätte es nicht überrascht, wenn so manche/r einfach den Hut draufgehaut hätte. Haben sie aber nicht. Anscheinend können es ein paar (wenige) Funktionäre nicht verkraften, dass sie in Zukunft keine oder eine weniger wichtige Funktion haben werden."

Tatsächlich ging die letzte Phase des Rückführungsprozesses nicht ohne Rücktritte ab. Das war bei manchen auch gesundheitsbedingt – ein Anzeichen dafür, wie nervenaufreibend die Geschichte war. Dazu gehörten WSC-Präsidentin Bernadette Adrian-Schäffer, die ihr Amt nur relativ kurze Zeit innehatte, und WSK-Präsident Manfred Tromayer, der seit dem Rücktritt von Udo Huber im Amt war.

Ein wesentlicher Streitpunkt war das Kooperationsabkommen mit der Vienna Smart Gruppe. Einer ihrer Frontmänner ist der Unternehmer Erich Kirisits. Kirisits, der zeitweilig für den WSC spielte, ist schon länger im Fußballgeschäft aktiv. 2013 wollte er bei Rapid Präsident werden, wurde dort aber von vielen Fans abgelehnt. Ein weiteres Gesicht der Vienna Smart ist Heinz Palme, der unter anderem im Jahr 2008 als Koordinator für die Fußball-Europameisterschaft in Österreich fungierte und in Katar beim International Center for Sport Security tätig ist.

Diese Biografien stießen bei nicht wenigen der schwarz-weißen Fans auf Skepsis. Es stand die aufgrund der Vereinsgeschichte nicht unbegründete Angst vor einer Übernahme mit der damit verbundenen Aufgabe der Vereinsidentität im Raum. Man hatte nicht jahrzehntelang Fusionen abgewehrt, um nun einer Kooperation zuzustimmen, die erst recht eine Aufgabe der Mitspracherechte bedeuten könnten – nur um wieder als WSC spielen zu können.

Auch Martin Orner beschäftigte sich im oben bereits zitierten Text mit dem Thema: „Mir haben einige Leute gesagt, dass sie den Eindruck hatten, dass hier eine ‚feindliche Übernahme' durch die Gruppe rund um Erich Kirisits stattfinden soll. Ich habe mir die Verträge gründlich angesehen und bin überzeugt davon, dass das nicht der Fall ist.

Die Konstruktion sieht – in kurzen Worten dargestellt – so aus: Die Kirisits-Gruppe (konkret die VSC GmbH) leistet zunächst einmal einen Beitrag in Höhe eines Drittels der Schulden des WSK (nach dem Drei-Säulen-Modell). Mit den beiden anderen Säulen kann damit der Fußball im WSC bei null, ohne Schulden beginnen. Eine Situation, die ich (gehe seit ca. zehn Jahren zum Sportklub) hier noch nie erlebt habe.

Darüber hinaus sichert die VSC auf Dauer des Vertrags (drei Jahre, mit Option auf weitere drei Jahre) dem WSC ein Budget zu, das ein vernünftiges Überleben in der RLO sichern sollte (eine Garantie für den sportlichen Erfolg kann es klarerweise nicht geben). Dies geschieht dadurch, dass der WSC die VSC das Management der Fußballsektion in der Form abwickeln lässt, dass die VSC den Leiter der Fußballsektion sowie den GF der GmbH (in die die Kampfmannschaft ausgegliedert wird, was wiederum den WSC aus der Haftung befreit) stellt. Diese Leute arbeiten aber weiter mit den vorhandenen Teams, also den Leuten, die jetzt schon im WSK die Arbeit machen. Die Entscheidungsbefugnis bleibt zur Gänze beim WSC, ebenso wie die Rechte am Namen und am Logo. Wenn durch sonstige Einnahmen das vereinbarte Budget nicht aufgebracht werden kann, so muss VSC das Loch stopfen. Im Gegenzug bekommt VSC die Möglichkeit, den Fußball zu vermarkten – also zusätzliche Sponsoren zu finden, Transferrechte zu nutzen, TV-Rechte zu vermarkten etc. Für alle zusätzlichen Einnahmen, die VSC erzielt, bekommt sie eine 25prozentige Pro-

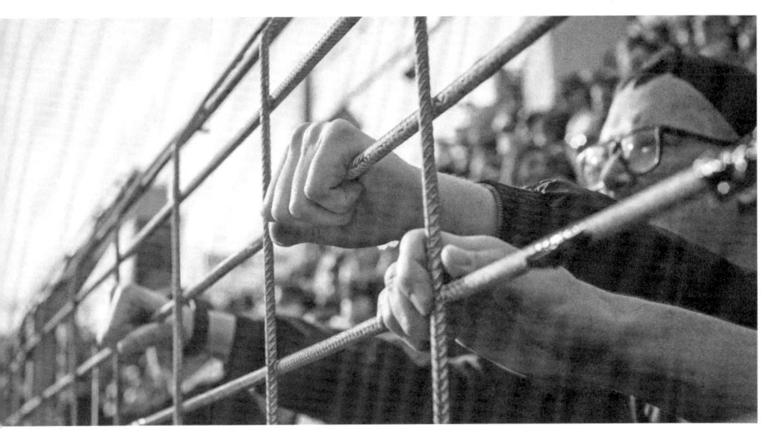

Impression vom Zaun der FHT.

vision, 75 Prozent der zusätzlichen Einnahmen kommen dem Verein zugute.

Also zusammengefasst: WSC startet ohne Schulden, hat zumindest auf drei Jahre ein gesichertes Budget, hat die volle Entscheidungsbefugnis und kann das Management an eine professionelle Organisation abgeben, ohne den ehrenamtlichen Charakter aufzugeben. VSC hat über das Management natürlich einen starken Einfluss, der ihr aber nur etwas bringt, wenn sie wirtschaftlich und sportlich erfolgreich arbeitet. Geld verdient sie nur, wenn sie zusätzliche Einnahmen bringt, und davon profitiert der Verein zu drei Viertel.

Klar – mir wäre es auch lieber, wenn wir jemanden finden, der einfach jährlich einen hohen Betrag überweist, sein Logo auf die Trikots druckt und sich nirgends einmischt. Das spielt es aber nirgends mehr. Die Realität im Fußball ist eine andere. Wenn überhaupt noch jemand Geld bringt, dann kauft er damit praktisch den Verein, nach dem Modell Red Bull und Stronach. Das wäre für uns natürlich völlig inakzeptabel. Vor diesem Hintergrund halte ich die ausgehandelte Vereinbarung für eine sehr faire. Und für eine, die mich für die nächsten Jahre vom permanenten Frust und der dauernden Sorge um den Verein befreien kann."

Schlussendlich kam es so. Aus zwei Vereinen wurde wieder einer. Seither hat sich eine gewisse Ernüchterung breitgemacht. Ob die Kirisits-Gruppe über die im Vertrag festgeschriebenen Jahre hinaus beim WSC bleiben wird, ist offen. Eine Demokratisierung des Vereins ist bislang kaum spürbar und auch sonst gibt es weiter viele Kinderkrankheiten.

Andererseits war gerade die Phase kurz vor Vollzug der Rückführung für eine ganz bestimmte Gruppe schwarz-weißer Fans ein sehr besonderes Erlebnis. Denn für die Rückführung war die Gründung einer Fußballsektion im WSC nötig, damit der WSC dem Wiener Fußballverband eine funktionierende Fußballmannschaft nachweisen konnte. Kurzerhand formierte sich für die Saison 2016/17 ein Team in der 2. Klasse B, einer Kellerliga des Wiener Fußballverbands. Einige von ihnen haben ihre Erlebnisse für die Alszeilen des 1. Mai 2018 aufgeschrieben. Damit die heroischen Leistungen dieses Teams der Nachwelt erhalten bleiben, werden ihre Berichte auch hier noch einmal wiedergegeben.

## 35 Jahre, Wiener Sport-Club

von Jochen Brandhuber

Nein, es handelt sich hierbei nicht um eine konkrete Periode in der Vereinsgeschichte. Ebenso hat es nichts mit dem Zeitpunkt meines ersten Spielbesuchs an der Alszeile zu tun. Vielmehr geht es um das Alter, in dem Fußballer*innen, sofern sie noch aktiv sind, meist bereits seit geraumer Zeit dem alten Eisen zugeordnet sind und nach einer Karriere voller Reichtum und Verletzungen spätestens jetzt dem wohlverdienten Ruhestand entgegenblicken. Nicht so in meinem Fall.

Mit 35 hab ich erst begonnen. Okay, ohne Reichtum, aber zum Glück auch ohne schwere Verletzungen.

Wie es dazu kam? Der Traditions-Club hatte die Ambition, nach der Abspaltung der Fußballsektion im Jahr 2001 wieder Liga zu spielen (bzw. überhaupt wieder eine Fußballmannschaft zu haben). Begonnen werden musste ganz unten, aber das hinderte den Verein nicht, Herrn K. loszuschicken, um Dornbach und Umgebung nach potenziellen Spielern abzuklappern. Wenige Wochen später stand ein wild durchgewürfelter Haufen bei brütender Hitze auf dem Platz, um das erste Training zu absolvieren.

Das erste Training. Mein erstes Fußballtraining überhaupt! Der Begabteste in der Runde war ich bestimmt nicht. Der Älteste auch nicht, aber ich glaube, der Einzige, der noch niemals in einem Verein gespielt hatte (Anm. d. Red.: Alan auch nicht!). Ein paar wenige Trainingseinheiten und zwei angesetzte Testspiele später kam es nach dem ersten Pflichtspiel im Cup auch bald zur Auftaktpartie in der 2. Klasse B. An jenem Tag durfte ich mir nach anfänglichem Sonnenbad auf der Bank ein echtes schwarz-weißes Trikot überstreifen, jenes mit dem Vereinslogo des Wiener Sport-Club. Dann auch noch nach 15 Jahren Fußballabstinenz das erste Tor für den WSC zu schießen, macht mich, bei aller Demut, schon ein kleines bisschen stolz. Zu einem Heimsieg vor beeindruckendem Anhang hat es an jenem Tag leider nicht ganz gereicht. Das machte aber nichts.

Wir haben trainiert und wir haben Pflichtspiele bestritten, von Mal zu Mal ein kleines bisschen besser werdend. Das war einerseits der ausdauernden Geduld unseres Trainers geschuldet und andererseits zu einem sehr großen Teil auch den tollen gemeinsamen Trainings-Einheiten mit dem Team der Frauen. Und dann kam irgendwann die Phase, in der alle gespürt haben, dass sich hier etwas unglaublich Tolles entwickelt hat, und dass auch immer häufiger drei Punkte eingefahren werden konnten, auch wenn das niemals die Zielvorgabe war.

Wir haben Traubenzucker, schmerzlindernde Salben und Bananen geteilt. Wir sind gemeinsam im Schnee versunken und haben gemeinsam das Gefühl durchlitten, dass unsere Lungen frieren. Wir haben Wasser und wir haben Bier getrunken. Wir haben diskutiert, gelacht, uns angeschrien. Wir haben uns übereinander geärgert und wir haben uns gemeinsam gefreut. Wir sind zusammengewachsen.

Mit allergrößter Wahrscheinlichkeit werden wir in puncto erfolgreichste Truppe nie im selben Atemzug mit dem Wiener Sport-Club genannt. Für mich wird es aber immer eine der geilsten Truppen bleiben. Ein Jahr, an das ich mich immer mit sehr, sehr viel Freude erinnern werde. Für diesen Verein spielen zu dürfen, war mir eine Ehre. Vielmehr jedoch bedanke ich mich bei allen tollen Menschen, die ich im Zuge dieses Experiments kennenlernen und mit denen ich diese Erfahrung teilen durfte.

Danke für diese wundervolle Saison!

## „Heast, host Lust, ab Sommer beim Wiener Sport-Club zu spün?“



Bernd Dillinger

15 Jahre lang wurde kein Fußball unter dem Namen Wiener Sport-Club gespielt. Um die Fußballsektion des Wiener Sportklubs in die große Sport-Club Familie zurückführen zu können, musste laut den ÖFB-Statuten ein Fusionsszenario geschaffen werden. Unter der organisatorischen Leitung von Thomas Kaider, welcher auch ein halbes Jahr lang als Sektionsleiter zur Verfügung stehen sollte, wurde mit vielen Fans rund um die Friedhofstribüne bis zum Sommer 2016 daran gearbeitet, eine Mannschaft zusammenzustellen. Für das ungeschulte Auge mochte diese Kaderplanung etwas chaotisch wirken, doch es konnten, angefangen bei reinen Hobbyfußballern, über 2. Klasse-Kicker bis hin zu ehemaligen Regionalligaspielern, die unterschiedlichsten Spielertypen für das Projekt begeistert werden. Selbstredend, dass hierbei die Spielerrekrutierung speziell war. Bei einer Dose Bier am Straßenrand vor der Arena Wien sitzend, wurde ich beispielsweise kurz vor einem Punk-Rock-Konzert von einem Freund gefragt: „Heast, host Lust ab Sommer beim Wiener Sport-Club zu spün?“ Ein paar erklärende Worte später war ich mit an Bord, wie viele andere auch. Viele Gesichter kannte man vom Sehen, aber nur wenige persönlich. Doch das tat einer raschen Findungsphase keinen Abbruch.

Die Liebe zum Fußball sowie zu den schwarz-weißen Farben verband uns, und mehr als diesen einfachen gemeinsamen Nenner brauchte es auch nicht, um uns rasch zu einer homogenen Mannschaft zusammenwachsen zu lassen. Das übergeordnete Ziel war klar definiert: mindestens einjähriger Spielbetrieb, um dann schnellstmöglich fusionieren zu können. Die Aussicht, das Trikot des WSC voller Stolz als Spieler tragen zu dürfen, stellte wiederum für viele eine persönliche Motivation dar.

Am 30. Juli 2016 war es dann soweit. Dass die Kaderliste zu diesem Zeitpunkt bereits 35 eingetragene Spieler zählte und mit Patrick Kasuba ein Mann mit Bundesligaerfahrung als Spielertrainer verpflichtet werden konnte, war ein erster Teilerfolg. Um 16.00 Uhr wurde das erste Testspiel gegen Borac Vienna am Sportplatz Liesing bei kuscheligen 32 Grad angepfiffen, Temperaturen, die der Mannschaft rund um Kapitän Christian Nell nicht gerade in die

Karten spielten. 90 Minuten, drei Gegentore und eine rote Karte für Christian Krottmayer später, war die Erkenntnis gewonnen, dass die Aufgabe schwierig, aber nicht unmöglich sein würde.

Bis zum Saisonstart am ersten Septemberwochenende traf man sich zweimal wöchentlich zu Trainingseinheiten im Trainingszentrum des Wiener Sportklubs. Da körperliche Defizite bei der gesamten Mannschaft eine Konstante darstellten, wurde erst gar keine Zeit darauf verschwendet, diese mit gezielten Trainings auszumerzen. Lieber konzentrierte man sich gleich auf grundlegende taktische Spieleinheiten. Es galt, sich als Mannschaft möglichst rasch zu (er-)finden, was unter anderem auch deswegen schnell gelang, weil die Sportklub-Damen als hervorragende Sparringspartnerinnen die gesamte Saison über mit uns trainierten.

Bevor der Ligabetrieb startete, wartete mit Radnicki ein direkter Ligakonkurrent im ÖFB-Cup. Als die knapp vierzig mitgereisten Fans beim Einlaufen „Sport-Club is on the Green“ anstimmten, machte sich durchaus Stolz unter den schwarz-weißen Mannen breit. Trotzdem ging das allererste Bewerbsspiel in der WBC-IX Arena mit 7:2 deutlich verloren. Ein Schelm, wer danach fragte, ob Thomas Kaider die Sportler für die richtige Sektion verpflichtet hatte. Das Spiel zeigte auf, dass man sich an das Tempo erst noch gewöhnen musste. Daher besann man sich eine Woche später zum Ligastart gegen Sans Papiers auf defensive und kämpferische Tugenden. Den Gästen mit afrikanischem Migrationshintergrund, einem gefühlten Durchschnittsalter von 19 Jahren und einer dementsprechenden Physis, stand die Mannschaft aus Hernals gegenüber, welche mit sechs über 40-jährigen Spielern in der Startelf auflief. Auch wenn nicht viel fürs Spiel gemacht werden konnte, so gelang ein respektables 1:1.

Es folgten Niederlagen gegen Vienna City FC, Roma (später annulliert) und Dacia (später annulliert), ehe es gegen den Sportclub der Inzersdorfer Jugend vor eigenem Publikum den ersten vollen Erfolg mit einem Endergebnis von 4:3 zu bejubeln gab. Nachdem in den darauffolgenden zwei Wochen weitere vier Punkte eingeheimst werden konnten, folgte der dramatische Höhepunkt der Saison. Erneut war die Fußballanlage von Radnicki im 21. Bezirk Schauplatz. Das Spiel selbst ging nach einer 2:0-Führung in allerletzter Minute noch mit 2:3 verloren. Dabei trat leider die Tatsache in den

Hintergrund, dass die Zuseher nur acht Wochen nach dem ersten Aufeinandertreffen mit Radnicki heute ein völlig verändertes Bild vorfanden, in dem die Kicker aus Dornbach über weite Strecken das Geschehen dominierten und am Ende nur unglücklich verloren.

Außenverteidiger Stefan Feichtinger klagte in der 40. Minute über Schmerzen in der Brust, spielte aber noch die letzten Minuten der ersten Hälfte zu Ende und erlitt dann in der Halbzeitpause einen Herzinfarkt. Dem schnellen Eingreifen befreundeter mitgereister Fans ist es zu verdanken, dass der Notarzt ihn noch vor Ort stabilisieren konnte, um ihn dann in der Notaufnahme versorgen zu können. Auch wenn er danach nicht mehr auflaufen sollte, so dauerte es nicht lange, bis man ihn, nun in der Rolle des Fans, auf den Rängen sah. Die Herbstsaison endete mit einem Unentschieden und drei Niederlagen. Man überwinterte in der 13er-Liga mit neun Punkten auf dem neunten Rang, wobei die Mannschaften Roma und Dacia im Winter den Spielbetrieb einstellten.

Als Halbzeitresümee konnte festgehalten werden, dass es spielerisch noch sehr viel Luft nach oben gab und der sportliche Erfolg überschaubar war. Allerdings wurden die Minimalziele, nicht jedes Spiel zweistellig zu verlieren, den einen oder anderen Punkte einzufahren und nicht als Letzter zu überwintern, allesamt erreicht. Auch gab es bereits im ersten Halbjahr eine hohe Fluktuation innerhalb der Mannschaft, doch der kollegiale Zusammenhalt war ungebrochen.

In der Wintervorbereitung traf der Bundesligaanspruch des Trainers auf den unerschütterlichen Enthusiasmus der gesamten Mannschaft und so wurde in der Winterzeit quasi durchtrainiert! Egal ob zweistellige Minusgrade, Schnee auf der „TRZ-Alm“ oder ungemütlicher Nieselregen: Die Mannschaft blieb in der Saison-Halbzeit diszipliniert, schraubte brav an ihrem Können und behielt dabei immer ein Lächeln auf den Lippen. Mit Christian Peterka übernahm ein neuer Mann die Sektionsleitung.

Außerdem konnten bis zum Rückrundenstart neue talentierte Spieler verpflichtet werden, die nicht nur wegen ihres fortgeschrittenen Alters gut in die Mannschaft passten. Die logische Konsequenz waren sportliche Erfolge, die in der zweiten Saisonhälfte endlich eingefahren werden konnten. Im Frühjahr wurden solide 21 Punkte geholt, was in der Rückrundentabelle Platz 2 bedeutete.

Als beispielhaft für die positive Entwicklung, welche die Mannschaft innerhalb der Spielsaison durchlaufen hatte, kann die dritte Partie gegen Radnicki gelten, die im Frühjahr ganz klar mit 7:0 gewonnen wurde. Ebenfalls denkwürdig war der 10:3-Sieg in Inzersdorf: Stürmer Stefan Joch schoss an dem Abend acht Tore – nach ausgiebiger Recherche in den Archiven ein unerreichter Spitzenwert für einen WSC-Spieler und womöglich ein Rekord für längere Zeit. Der abschließende 4:0-Sieg gegen den bereits feststehenden 2. Klasse B-Meister Eurasya im letzten Meisterschaftsspiel stellte den erfreulichen Schlusspunkt einer gelungenen Saison dar und bedeutete letztendlich Tabellenplatz 5.

Unterm Strich kann mit einem spaßigen Fußballjahr, netten neuen Bekanntschaften und einer zu guter Letzt erfolgreichen Fusionierung positiv Bilanz gezogen werden. Der schwarz-weiße Dank gilt daher allen, die in und rund um die Mannschaft mitgeholfen haben sowie allen erschienenen Fans. Es war eine tolle Zeit!

## Falls Liverpool oder der WSC ruft …

Christoph Hauzenberger

Als sich vor einigen Jahren der FC Lokomotive Landstraße nach neun wundervollen Saisonen aufgelöst hat, habe ich meine Fußballschuhe an den Nagel gehängt. Die sozialromantische Vorstellung, nur bei *einem* Fußballverein gespielt zu haben, gefiel mir einfach. Dennoch ließ ich eine kleine, unrealistische Hintertüre offen: Falls der Wiener Sport-Club oder Liverpool jemals meine Dienste bräuchten, würde ich noch einmal gegen Zerrungen, Atemnot und Muskelkrämpfe in die Schlacht ziehen.

Ob der WSC meine Dienste letzte Saison wirklich so gebraucht hat? Ob ich mich damit für den letzten Schritt meiner fußballerischen Karriere qualifiziert habe? Ich weiß es nicht. Was ich weiß, ist, dass es mir jedes Mal eine Ehre war, das WSC-Trikot anzuziehen, darin den Rasen, der die Welt bedeutet, zu betreten und ein Teil der Geschichte des wohl großartigsten Vereins der Welt zu sein.

Einer, der viel über das Hin und Her der Auseinandersetzungen rund um die Rückführung des WSK in den WSC erzählen kann, ist Lutz Giese. Beim Treffen mit ihm im Hernalser Bierlokal *Brandstetter* wirft er einen Blick in das Nichtraucherzimmer und meint lapidar: „Hier war eines der ersten konspirativen Treffen am Ende der Ära Udo Huber, um zu diskutieren, wie man weitermacht und in der Rückführungsfrage etwas bewegt."

Eine Stunde und zwei Bier später schlendert tatsächlich ein Sport-Club-Fan vorbei und fragt: „Was macht denn ihr da? Etwa ein konspiratives Treffen?"

Dabei war dem Lutz Giese der WSC eigentlich überhaupt nicht in die Wiege gelegt worden. „Ich bin in Bremen geboren und dort in der Nähe aufgewachsen", erzählt er. „Während meines Studiums bin ich für ein Semester nach Wien gekommen. Ich habe mich in die Stadt verliebt und hier meine heutige Frau kennengelernt.

Ein Freund hat mich dann einmal gefragt: ‚Warum schaust du dir keinen Fußball in Wien an?' Da habe ich mir dann gemeinsam mit dem damaligen Direktor des Elefantenhauses vom Schloss Schönbrunn das Derby gegen die Austria auf der Osttribüne im Hanappi-Stadion angeschaut. Der hat mir von den Gestalten erzählt, die im Block West so rumlaufen, und wie viele Rechte da dabei sind. Auch bei der Austria habe ich mir das Derby angesehen und mitbekommen, was bei der dritten Halbzeit am Verteilerkreis so gelaufen ist. Da habe ich mir gesagt: Nie wieder Fußball in Wien. Das war im Jahr 2007.

2008 hat mir dann ein Freund gesagt: ‚Wenn Fußball, dann beim WSK.' Mein erstes Spiel war gegen Ostbahn. Das war gemütlich und nett. Ich habe mir gesagt, da komme ich wieder. Mit einem WG-Mitbewohner bin ich zu einem Auswärtsspiel gegen den FAC gegangen. Danach gab es einen Heurigen-Trip. Das war mein erster Kontakt zu den Leuten von der Friedhofstribüne. Beim nächsten Heimspiel ist dann so ein Typ mit einem Zettel rumgegangen. Das war der Markus Kubanek. Er hat gefragt, ob ich Lust habe mitzufahren. Dann war ich drin. Ich hab in der Saison 29 von 30 Spielen gesehen. Nur den Cup habe ich verpennt. Der ist an mir vorbeigegangen."

Es war die Zeit, in der der WSK sich noch recht gut geschlagen hat. Doch die späteren Krisen waren bereits angelegt. „Damals lief es sportlich gut für den Verein. Einmal sind wir mit drei Bussen nach Horn zum Spiel um die inoffizielle Herbstmeisterschaft gefahren. Da hat es die ganze Zeit geregnet. Dann stand es 2:0 für Horn. Vor der Halbzeitpause stand es 2:2. Dann 3:2 für uns. Da war die Stimmung am Überkochen. Es endete mit einer 3:4 Niederlage! Das war eine prägende Auswärtsfahrt für mich.

2008 hat Herbert Dvoracek den Verein verlassen. Dann kam Udo Huber. Dvoracek hat einen völlig überteuerten Kader hinterlassen. Das war ein super Kader, aber auch einer der Gründe, warum der WSK ins Stottern geraten ist."

Dieses sportliche Stottern führte neben anderen Punkten wie der Rückführung oder der fehlenden Stadionsanierung dazu, dass man sich in Fankreisen über Alternativen zum amtierenden Vorstand und Präsidium machte.

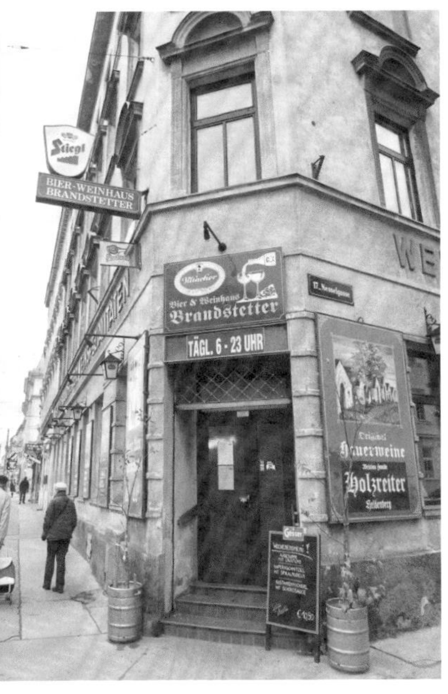


Der Eingang vom *Brandstetter.* Ein beliebter Treffpunkt vieler WSC-Fans in Hernals, sowie Ort manch konspirativen Treffens, um sich gegen das jeweils amtierende Vereinspräsidium zu organisieren.

„2012 gab es hier in diesem Lokal erste konspirative Treffen. Beteiligt waren unter anderem Wolfgang Raml und Kurt Reichinger, Christian Hetterich und andere von der FHT, um zu überlegen, was können wir tun? Man konnte sehen, dass die Rückführung nicht ernsthaft angestrebt wurde. Die Bücher wurden nicht auf den Tisch gelegt. Huber hat keine Garantien abgegeben. 2013 gab es einen offenen Brief von Christian Hetterich an das Präsidium, es folgte das PRÄSIDIUM RAUS-Transparent der FHT.

Bei einem Treffen im *Brandstetter* wurde Manfred Tromayer als möglicher Präsident vorgestellt. Ich bin in dem Treffen gesessen und habe gedacht, das wird anstrengend. Er hat eine Tendenz zu langen Monologen gehabt und ist dabei vom Hundertsten ins Tausendste gekommen. Als Präsident hat Tromayer aber auch große Fußstapfen hinterlassen. Wenn auf dem FHT-Klo was kaputt war, hat er selber direkt Hand angelegt und den Schaden repariert. Ich glaube nicht, dass Kirisits oder Raml mit dem Arm ins Klo greifen würden, um es zu reparieren. Und immer, wenn es sportlich wieder gekriselt hat, ist Tromayer hergegangen und hat Kabinen- und Einzelgespräche geführt."

Dem neuen, nach 2013 installierten Vorstandsteam stand eine schwere Aufgabe bevor. „Unter anderem gab es kaum schriftliche Finanzunterlagen. Es gibt bis heute Gerüchte über Billa-Sackerl mit Rechnungen, die da irgendwo herumlagen. Für den neuen Vorstand nach Huber hat es ein halbes bis zu einem Jahr gedauert, um zu sehen, wie viele Schulden es wirklich gibt. Am Ende waren es 540.000 Euro Verbindlichkeiten. Wenn Manfred Tromayer kein Geld vorgestreckt hätte, wären es 700.000 Euro geworden."

Lutz Giese wurde wie viele andere seiner Generation über die Aktivität in der FHT in das Vereinsgeschehen hineingezogen. Er ging zu den Treffen und machte Bardienste im *Flag*. Schließlich wurde er Rückführungsbeauftragter. „Der Impuls der Fans für die Rückführung war notwendig", sagt er auch heute noch. Aber: „Jetzt wo die VSC da ist, ist es schwierig zu beurteilen, ob sich die FHT da zurückziehen soll. Ich bin da auch etwas emotionslos geworden. Ich hab oft gedacht, es scheitert. Das Klima zwischen WSC und WSK war sehr schlecht. Auch heute gibt es da noch viele Eitelkeiten. Man muss aufpassen, dass keine Leute vergrault werden, die viel für den Verein machen. Viele Jahre war ich als Vorstandsmitglied sehr heiß darauf, dass beim Derby alles ausverkauft ist. Jetzt ist das nicht mehr so. Der neue WSC muss erst einmal zeigen, dass er es wert ist, dass ich Fan von ihm bin."

Was auf jeden Fall bleibt, ist eine starke Identifikation mit der FHT: „Wie ich zum Verein gekommen bin, waren zwei Drittel der Zuschauer auf der Haupttribüne und ein Drittel auf der Friedhofstribüne. Das Verhältnis hat sich inzwischen geändert. Ein Faktor ist das Flair. Das ist attraktiv für jüngere Fans. Ein anderer Aspekt ist die FHT als aktiver Fanklub. Das ist anders als bei der Vienna mit ihren zehn bis fünfzehn Clubs. Man identifiziert sich mit der

FHT oder eben nicht. Wenn man sich damit identifiziert, ist man Teil einer Gemeinschaft von fünfzig Leuten. FHT, das heißt eben auch: Ein Verein, eine Tribüne. Von der FHT wird vielleicht zu viel Augenmerk auf die Dinge abseits des Fußballs gelegt. Vielleicht nimmt sie sich zu wichtig. Dass sie eigentlich ein Fanclub ist, wird nicht mehr so gelebt. Es ist wichtig, dass die FHT wieder eine kritischere Haltung zum Verein einnimmt.“

Der letzte Spieltag der Saison 2017/18 offenbart einmal mehr alle Widersprüche des WSC in der heutigen Zeit. Der Gegner beim Heimspiel heißt Schwechat und darf sich der zweifelhaften Ehre erfreuen, einen noch tieferen Tabellenplatz als der Sport-Club zu besetzen. Schwechat wird dieses Jahr absteigen, sollte es einen Absteiger aus der Regionalliga Ost geben. Das ist ja im wilden Osten Österreichs immer etwas chaotisch. Ob und wie viele Ab- und Aufsteiger es im österreichischen Regionalfußball gibt, ist eine arkane Wissenschaft für Übernerds. Siebtplatzierte können in die Bundesliga aufsteigen, aber viele Vereine wollen nicht, weil es zu viel Geld kostet und in den Bankrott führen könnte. Außerdem gab es heuer eine Ligareform, die das eh schon existierende Chaos noch weiter verschärfte. Wer mehr erfahren möchte, der oder die greife bitte zum Fußballfachblatt des persönlichen Vertrauens.

Schwechat ist jedenfalls ein unangenehmer Gegner. Die Spiele gegen den Verein machen selten Spaß und enden meistens mit einer Niederlage. Dieses Mal gab es ein 2:2. Der WSC verspielte zunächst die Führung, holte dann einen Rückstand auf. Letzteres hätten alle noch vor einem halben Jahr für undenkbar gehalten, dennoch blieb am Ende ein irgendwie fader Nachgeschmack übrig. Man hat schon Grauslicheres gesehen, hätte sich aber Versöhnlicheres gewünscht.

Versöhnt habe ich mich immer noch nicht mit der Entwicklung, die die Vermarktung des so genannten „Derby of Love“ annimmt. Anfang Juni 2018 ist ein Testspiel zwischen der Vienna und dem WSC geplant. Es soll im Fernsehen übertragen werden und die Vereine mobilisieren mit einem farbenfrohen Flyer. Darin heißt es: „Die Fans der Traditionsvereine First Vienna FC 1894 & Wiener Sport-Club gelten als besonders fair, weltoffen und friedlich. Statt Bengalos und Buh-Rufen regnet es Konfetti und Seifenblasen. Neben vielen unterhaltsamen Fangesängen sorgen die Anhänger beider Vereine mit außergewöhnlich kreativen Choreografien für Aufsehen. Für die gegnerischen Fans gibt es Applaus und Wertschätzung. Das Derby of Love ist mittlerweile zu einer Institution geworden, die in der Welt des Sports ein durchwegs positives Alleinstellungsmerkmal besitzt.“

Das moderne Marketing ist beim WSC angekommen. Was Bengalos und Buh-Rufe miteinander zu tun haben, erschließt sich mir nicht. Vor allem, wenn beim „Derby of Love" regelmäßig gezündelt wird, wenn auch weniger von Seiten des WSC. Und doch soll auch auf der FHT schon mal die eine oder andere Fackel angezündet worden sein. Das gehört halt sonst nicht so zu unserem understatetem Auftritt. Beeindruckende Choreographien? Ich habe schon lange die Lust verloren, mich für das Fernsehen im Stadion zum Affen zu machen. Kamerateams, deren Regisseure vor meiner Kurve aufgeregt mit den Armen wedelten, damit die Fans sich endlich mal verrückter gerieren, gehen mir am Arsch vorbei. Tatsächlich gab es auch von der FHT für das Derby schon mal so etwas wie Choreographien, zum Beispiel mit schwarzen und weißen Luftballons, die am Ende alle ihren Weg auf das Spielfeld fanden und dann für eine Verzögerung des Anstoßes sorgten. Im Bundesliga-Fernsehen führt so etwas teilweise schon zu hysterischen Reaktionen einiger Kommentatoren. Damals, in der Regionalliga, ging alles sehr unaufgeregt vonstatten. Seifenblasen gibt es dagegen bei fast jedem Spiel.

Manche werden sagen, dass derartiges Marketing für den Fortbestand des WSC nötig ist. Ich bin mir da nicht so sicher. Glattgebügelte Hochglanzbroschüren passen irgendwie nicht zu dem Verein. Fakt ist: Für klassische Großsponsoren ist der WSC heute eh nicht mehr von Interesse. Es stünde dem Verein gut zu Gesicht, die alternativen Strukturen, die sich hier im Laufe der letzten Jahrzehnte gebildet haben, als Möglichkeit zu erkennen, auch bei der Suche nach nötigen Finanzen andere Wege als bislang zu beschreiten. Dafür braucht es auch eine längst schon überfällige Demokratisierung der Vereinsstrukturen. Nur durch die so entstehende Transparenz nach innen und außen kann sich der WSC weiterentwickeln.

Da ist es fast schon wieder beruhigend, dass auch heute nach dem Spielende wieder das wohlbekannte Chaos herrscht. Vereinspräsident Wolfi Raml versucht, über das Stadionmikro die Ergebnisse einer Tombola durchzugeben, scheitert aber am lauten Beifall für die WSC-Mannschaft, die zur Verabschiedung vor der FHT eintrifft. Von der Haupttribüne stürmen zahlreiche Kinder den Platz, um Autogramme zu ergattern. Manche Spieler sind in dem entstehenden wuselnden Pulk gar nicht mehr zu erkennen, so klein sind sie teilweise. Solche Szenen werden verschwinden, sollte der

WSC wieder öfter im Fernsehen der derzeit von Rupert Murdochs Sky übertragenen Bundesliga zu sehen sein. Der moderne Fußball toleriert kein spontanes Chaos und keine Emotionen.

Am Ende scheint die Sonne. Die Kinder beginnen ein Fußballspiel auf dem Rasen. Der Beton auf der Tribüne ist warm. Gruppen stehen zusammen, ein Plausch hier, ein Gespräch da. Die Transparente werden eingepackt, die Gesänge sind verstummt. Von unten, von der Alszeile, sind Gesprächsfetzen zu vernehmen. Hernals im Frühsommer, nirgends ist das schöner als in solchen Momenten am Sportclub-Platz.

Dann scheint es, als wäre das schon immer so gewesen. Als wäre die Friedhofstribüne nicht ein Kind der 1980er Jahre, sondern so alt wie der Platz selbst. Ein Altbau wie jene, die diesem Platz schon vor 100 Jahren als Kulisse gedient haben.

Und doch ändert sich alles, ständig. Was würde ein Dornbacher Fußballfan von damals über den heutigen WSC sagen? Wie werden jene, die heute als Kinder am Platz stehen, in zehn, zwanzig Jahren über ihn denken? Hoffentlich gibt es dann überhaupt noch einen Wiener Sport-Club. Hoffentlich ist er dann nicht eingegangen, wie so viele andere Vereine vor ihm. Hoffentlich gibt es dann noch oder wieder Menschen, die bereit sind, für diesen Club zu streiten.

Hernals, Dornbach und der WSC brauchen einander. Und der österreichische Fußball braucht Vereine wie den WSC, auch wenn manche das nicht wahrhaben wollen.

Am Ende scheint die Sonne, noch. Langsam senkt sie sich über die Hausdächer im Westen. Der Friedhof im Rücken, vor einem die Stadt. Fledermäuse fliegen über den Rasen, wo eben noch die Kinder spielten. So lässt es sich aushalten.

„Hör auf so deppat daher zu reden und hol dir endlich ein Bier!"

Die offizielle Geschichte des WSC wurde von Michael Alási-Szabò geschrieben und trägt den Titel *Von Dornbach in die ganze Welt – Die Geschichte des Wiener Sport-Clubs.* Sie ist 2010 im Verlagshaus Hernals erschienen und dort auch online erhältlich: www.verlagshaus-hernals.at

Danke an Sebastian Schönbauer und Wolfgang Raml für die eingescannten Ausgaben von Schwarz auf Weiß und die alten Fotos.

Nach langer Abwesenheit erschien im Herbst 2018 eine neue Ausgabe dieses Fanzines, es war die #43. Wenn alles gut geht, werden weitere folgen. Wer eine Ausgabe haben möchte, muss sich zum Sportclub-Platz bemühen.

Auf der Webseite www.friedhofstribuene.at findet sich ein Archiv des Auswärtsfanzines FHT on Tour. Dort gibt es außerdem regelmäßige Ankündigungen von Veranstaltungen und Aktionen der Freund*innen der Friedhofstribüne.

Die Anhängervereinigung bloggt ihre kommenden Termine auf www.anhaengervereinigung.weebly.com. Wer über aktuelle Ereignisse im Vereinsleben auf dem Laufenden bleiben möchte, ist auf deren Veranstaltungen gut aufgehoben.

Der WSC braucht immer Geld, darum kümmern sich Dornbach Networks und Christian Hetterich. Wer dem Verein in dieser Hinsicht unter die Arme greifen möchte, wird hier fündig: www.dornbach-networks.at

Großartige Fotografen begleiten das Alltagsgeschehen des Dornbacher Stadtteilvereins. Christopher Glanzl, Martin König und Stephan Koessler haben Bilder für dieses Buch beigesteuert. Auch dafür ganz herzlichen Dank.

In der Reihe Bibliothek des Österreichischen Fußballs sind bereits erschienen:

Bd. 1 First Vienna Football Club (Alexander Juraske)
Bd. 2 SK Rapid Wien (Thomas Lanz)
Bd. 3 Wiener Sport-Club (Christian Bunke)
Bd. 4 FK Austria Wien (Clemens Zavarsky)

In der Reihe Bibliothek des Deutschen Fußballs sind bereits erschienen:

Bd. 1 1. FC Union Berlin (Jörn Luther)
Bd. 2 SV Babelsberg 03 (Rico Noack)
Bd. 3 BFC Dynamo (Marco Bertram)
Bd. 4 FC Energie Cottbus (Jens Batzdorf)
Bd. 5 1. FC Lokomotive Leipzig (Freundeskreis Probstheida)
Bd. 6 BSG Chemie Leipzig (Alexander Mennicke)
Bd. 7 1. FC Magdeburg (Jente Knibbiche)
Bd. 8 F.C. Hansa Rostock (Marco Bertram)
Bd. 9 1. FC Nürnberg (Benjamin Wolf)
Bd. 10 FC Rot-Weiß Erfurt (Matthias Klaß)
Bd. 11 1. FC Köln (Andreas Merkel)
Bd. 12 SG Dynamo Dresden (Uwe Leuthold)
Bd. 13 FC Sankt Pauli (Fabian Fritz & Gregor Backes)
Bd. 14 SV Waldhof Mannheim (Andi Nowey)
Bd. 15 FC Carl Zeiss Jena (Jörg Dern & Toni Schley)
Bd. 16 FC Bayern München (Marcel Neudeck)
Bd. 17 Borussia Mönchengladbach (Steffen Andritzke)
Bd. 18 Eintracht Braunschweig (Uli Hannemann)
Bd. 19 S.C. Fortuna Köln (Heribert Rösgen & Matthias Langer)
Bd. 20 FSV Frankfurt (Franziska Blendin)
Bd. 21 BSG Wismut Gera (Mario Krüger)
Bd. 22 FSV Zwickau (Norbert Peschke & Dieter Völkel)
Bd. 23 Fußball in der DDR (Frank Willmann)
Bd. 24 TSV 1860 München (Stephanie Dilba)